Frases vivas del español actual

CDブック 気持ちが伝わる！
スペイン語
リアルフレーズ
BOOK

福嶌教隆 [著]

研究社

本書の一部は、NHKラジオ講座「まいにちスペイン語」(2009年4月〜9月、2010年10月〜2011年3月放送)のテキストをもとに加筆・修正したものです。転載をご快諾くださった日本放送協会、NHK出版に心から御礼を申し上げます。

はじめに

　あなたにとって、スペインはどんな国ですか？　やっぱり「フラメンコと闘牛の情熱の国」でしょうか？

　最近は、そればかりではなく、ワインといっしょにイベリコ豚などのタパス（おつまみ）が味わえる居酒屋バルの発祥の地、グルメ王国としても知られるようになりました。

　それから、サッカーの強豪としても、その名をとどろかせています。

　あるいは、奇抜な建築「サグラダ・ファミリア」教会や、ピカソ、ダリなどの芸術や、歴史、ファッションも注目を集めています。

　そして何より、スペインは、そこに暮らす人々が最高に魅力的です。明るくて、親切で、行動的で…。そばにいるだけで、人生が愉快に思えてきます。

　スペイン語を覚えれば、こんなにさまざまの感動を直接に味わうことができます。しかもスペイン語は、スペインだけでなくラテンアメリカなどの広大な地域で使われています。ぜひ、スペイン語圏の人々と言葉を交わし、心を通わせてみましょう。

　本書は、スペインの人々が日常会話で使う生きた口語や慣用句を 420 集めました。なるほど、こう言うんだ！　という「目からウロコ」的なフレーズが満載です。パートは「ベーシック」「喜怒哀楽」「意見」「依頼・命令」「恋愛」「遊び・グルメ」「ビジネス」「熟語」「ことわざ」の９つに分かれています。あなたなら、どこから読み始めますか？　どこから CD を聴き始めますか？

　この本は、私が担当したラジオ講座「まいにちスペイン語」が出発点になっています。放送時には、NHK 及び関係会社の皆様、番組をお聴きくださった皆様に大変お世話になりました。フレーズの選定とダイアログのチェックは、スペイン出身の酒井アルベルトさんの協力を得ました。また、アルベルトさんは、同じくスペイン出身の藤原パウラさんとともに、美しいスペイン語を CD に吹き込んでくださいました。校正の段階で関西学院大学の柿原武史さんからも多くの助言を得ました。そして、研究社編集部の鎌倉彩さんには、粘り強くフォローしていただき、若々しいアイデアをたくさん出していただきました。この本は、この方々の力で誕生しました。

　では、リアルなスペイン語の会話の世界へ、¡Buen viaje!（よいご旅行を！）

　　　　　　　　　　　　　　　　　　　　　　　　　　　　　福嶌教隆

この本の使い方 〜より効果的な勉強方法〜

この本は9つのパートに分けて、実際の会話でもよく使われるフレーズを、短い (単語の少ない) 順で配列しています。それぞれ、

1. 見出しフレーズ (スペイン語、ルビ、日本語訳)
2. ダイアログ (スペイン語、日本語訳)
3. 解説

の順で並んでいます。どうやって勉強しようか？　という方のために、以下の勉強方法をご提案します。

◇ Step 1: まずは見出しフレーズから！
見出しフレーズは、通常のテキストではなかなか見られない、でもリアルなものを厳選しました。ひたすら見出しフレーズだけを見ていきましょう。短いフレーズをどんどん声に出して、覚えましょう。

◇ Step 2: ダイアログ全体をチェック！
ダイアログは、見出しフレーズを生かしたリアルなやりとりになっています。ダイアログの中にも「これ、使える！」と思わせる便利な言い回しがたくさん隠れているので、あわせてチェック！

◇ Step 3: 見出しフレーズの使い方をチェック！
解説を読んで、まず、見出しフレーズの語彙や文のしくみを確認してください。それから、その実際の使い方を覚えましょう。スペインの文化的な背景についてのお得な情報をチェックすることも忘れずに。

◇ Step 4: その他の表現・関連表現をチェック！
解説では、ダイアログの中のその他の文についても触れています。新出単語や、動詞の活用形についての疑問にも、ここでお答えします。ここまで終わったら、各項目の右上にあるチェックボックスにチェックを入れましょう。また、「⇒ 000」で示された参照マークを利用して、本の中をサーフィンし、関連表現をどんどん覚えていきましょう。

◇ Step 5: 索引で再確認！
巻末には、スペイン語 (アルファベット順)、日本語 (50音順) の索引が付いています。それぞれ眺めながら、このフレーズはどう使うんだっけ？　日本語

訳は何だったっけ？ スペイン語でどう言うんだっけ？ と思い返してみてください。

◇ Step 6：置き換えできる余裕を！
見出しフレーズは、その形でだけ使うものもありますが、中にはパーツを取り換えることができる場合もあります。とりあえずは「まる覚え」でもかまいませんが、余裕が出てきたら、主語を tú（君）から usted（あなた）に置き換えるとどうなるかな？ などと考えることも大切です。イメージをふくらませて、幅広い表現ができるようになるといいですね。

◇ Step 7：次はラテンアメリカのスペイン語も！
この本ではスペインで使われている表現に的をしぼりましたが、スペイン語はラテンアメリカなど世界中で話されています。基本は同じでも、地域によって言葉づかいが少し違うことがあります。この本で覚えたフレーズを使って会話しているときに、「それはラテンアメリカではこう言うんだよ」と教わることがあるかもしれません。チャンスを生かして、あなたのスペイン語のテリトリーを広げていきましょう。

この本で使われている記号

* ダイアログ日本語訳の *A： もしくは *B： の左側に付いている＊は、その部分が女性のせりふであることを示しています。何も付いていない場合は男性のせりふです。

⇒ 参照先の見出しフレーズ番号を示しています。例えば「⇒ 148」となっている場合、見出しフレーズの 148 （p. 68 の La verdad...； 実を言うと…）を参照、という意味です。

CD について

CD には、　1. CD トラック番号（偶数ページの左端に表示）
　　　　　　2. 見出しフレーズの日本語訳
　　　　　　3. ダイアログのスペイン語

が入っています。模範的な美しいスペイン語です。とにかくたくさん聞いて、リスニング能力を鍛えてください。

　実際に声に出して発音練習することも非常に大切です。テキストを見ながら、CD 音声とほぼ同時に（ほんの少し遅れて）声に出して読む方法（シンクロリーディング）もおすすめです。はやくてついていけないなあと思ったら、適宜 CD を一時停止してもかまいません。自分のペースで音読してください。より正しい発音でのトレーニングは、リスニング能力の向上にもつながります。

　慣れてきたら、CD だけを聞いて少し遅れてあとを追いかけたり（シャドーイング）、さまざまな方法で活用してください。読むときはなるべく CD のまねをするようにしてください。

　そして、実際の会話の場面でスムーズに口をついて出れば、そのフレーズが自分のものとなったと言えるでしょう。

[CD ナレーション]
Alberto Sakai（酒井アルベルト）（琉球大学講師、NHK 国際放送局アナウンサー。NHK ラジオ講座「まいにちスペイン語」にも数回出演）
Paula Fujiwara（藤原パウラ）（フォトグラファー、翻訳家。教材・DVD などのナレーション多数）
鈴木加奈子（元静岡第一テレビアナウンサー。現在はナレーター・MC として活動するほか、大学で留学生の日本語指導にあたる）

[CD 収録時間]　62 分 41 秒

文字と発音・カタカナルビについて

この本では見出しフレーズにカタカナルビを付けています。その表記のルールを、スペイン語の文字と発音と合わせてご説明します。

■ 母音
① スペイン語の5つの単母音 a, i, u, e, o は「ア、イ、ウ、エ、オ」と表記しています。ただし u は日本語の「ウ」よりも唇を丸めた、ろうそくを吹き消すときのような構えで発音します。
② 子音で終わる音節では、母音が長くなる傾向があります。その場合に限って伸ばした表記にしています。例：amar［アマール］（愛する）

■ 子音
ほぼローマ字読みで OK ですが、注意すべきものがいくつかあります。
① za, ci, zu, ce, zo は、スペインの標準語では、英語の three の th のように、軽く舌をかんで出す音です。簡略化して「サ、シ、ス、セ、ソ」と表記しています。
② ja, ji/gi, ju, je/ge, jo は、「ハ、ヒ、フ、ヘ、ホ」と表記していますが、かじかんだ手を温めるときに出す息のような強い音です。
③ lla, lli, llu, llu, llo は慣例に従い「リャ、リ、リュ、リェ、リョ」と表記していますが、「ジャ、ジ、ジュ、ジェ、ジョ」にも近い音です。例：lluvia［リュビア / ジュビア］（雨）
④ ya, yi, yu, ye, yo はヤ行音として表記していますが、これもジャ行音に近く聞こえることの多い音です。例：yo［ヨ / ジョ］（私）
⑤ rr と単語の初めの r は巻き舌のラ行音です。r（単語の初めを除く）は舌先を 1 回ぱちんと弾くラ行音です。l は舌先を上の歯茎に当てたまま出すラ行音です。この本では、すべて「ラ、リ、ル、レ、ロ」と表記しています。
⑥ h は無音です。v は b と同じくバ行音です。
⑦ x は正式には「クス」と発音します。この本ではこの表記をとっています。会話ではサ行音になることがよくあります。例：exacto［エクサクト / エサクト］（正確な）

ルビはあくまで発音の目安です。実際の発音やイントネーションは、付属 CD でご確認ください。

CONTENIDO

はじめに ………………………………………… iii
この本の使い方 ………………………………… iv
この本で使われている記号 …………………… v
CD について …………………………………… vi
文字と発音・カタカナルビについて ………… vii

◇ Capítulo 1　ベーシックフレーズ …………………… 1
◇ Capítulo 2　喜怒哀楽フレーズ ……………………… 37
◇ Capítulo 3　意見フレーズ …………………………… 63
◇ Capítulo 4　依頼・命令フレーズ …………………… 91
◇ Capítulo 5　恋愛フレーズ …………………………… 107
◇ Capítulo 6　遊び・グルメフレーズ ………………… 123
◇ Capítulo 7　ビジネスフレーズ ……………………… 149
◇ Capítulo 8　熟語フレーズ …………………………… 163
◇ Capítulo 9　ことわざフレーズ ……………………… 187

スペイン語索引 ………………………………… 199
日本語索引 ……………………………………… 203

CAPÍTULO 1

ベーシックフレーズ

あいづちや受け答え、日常のあいさつなど、
どんな場面でも使える、短くて便利な表現を集めました。
コミュニケーションの始まりは、簡単な言葉のやりとりから。

1 ¡Buenas!
[ブエナス]
▶ こんにちは！

A: ¡Hola, **buenas**! ¿Cómo estamos?
B: Bien, gracias.

　A：やあ、こんにちは！ 元気？
＊B：元気だよ、ありがとう。

★スペインでは、¡Buenas! というくだけたあいさつをよく耳にする。Buenas tardes. (こんにちは)、Buenas noches. (こんばんは) の後半を省略した形のように見えるので、「おはよう」の場合は Buenos días. の略で ¡Buenos! となりそうだが、そうは言わない。1日中、¡Buenas! でいいのだ。

★「元気？」は ¿Cómo estás? が基本だが、¿Cómo estamos? (私たちはどんな調子？) という連帯感を高める表現を使うこともある。もちろん、答えるときは自分の調子についてだけ言えば OK。

2 Mira.
[ミラ]
▶ いい？

A: No sé qué voy a hacer.
B: **Mira**, te voy a dar un consejo.

　A：どうしていいか、分からないよ。
＊B：いい？ 1つ忠告してあげる。

★Mira. はそもそも「見なさい」という意味だが、そこから発展して、自分の話を聞いてほしいときに使うようになった。電話のやりとりなど、お互いの姿は見えなくても Mira. を使うことに注意しよう。

★これは tú (君) に対応する形。usted (あなた) に対応する形は Mire. [ミレ] と語尾が少し変わる。

★consejo は「忠告、アドバイス」の意。

2　CAPÍTULO 1

3 ¡Figúrate!
[フィグラテ]
▶ 知ってる?

A: **¡Figúrate!** María se va a casar con José.
B: ¡No me digas!

*A: 知ってる? マリアがホセと結婚するんだって。
B: まさか!

★大ニュースを伝えるときの常套文句がこれ。再帰動詞 figurarse (想像する) の命令の形 (命令法) だから、「想像してみてよ」のような意味になる。

★casarse con... は「…と結婚する」(⇒ 241)、¡No me digas! は「私に言わないでくれ!」、転じて「まさか、信じられない!」という意味 (⇒ 110)。

4 ¿Y?
[イ]
▶ それで?

A: ¿Sabes? ¡Ayer ganó mi equipo favorito!
B: **¿Y?**

A: 知ってる? ぼくの好きなチームが昨日勝ったんだ!
*B: それで?

★これは文句なしの最短フレーズ。これだけで「あなたが話をどういう方向に展開させたいのか分からない」という気持ちが表せる。「と言うと?」「それがどうしたの?」のようなニュアンス。

★ここでは ¿Y a mí qué? (私には関係ない; ⇒ 67) と似た意味で使われている。

5 Vale.
[バレ]
▶ いいよ。

A: ¿Nos vemos mañana?
B: **Vale.** ¿Qué tal a las ocho?

A: 明日会える?
*B: いいよ。8時でどう?

★「OK」「了解」「分かった」——スペインではこれを Vale. と表現する。これは valer (値する) という動詞と関係のある言葉で、手軽な感じがとてもいい。Vale, vale. (分かった、分かった) と繰り返して使うこともできる。¿Vale? (分かった?)

CAPÍTULO 1

6 Oye.
[オイェ]
▶ ねえ。

A: **Oye**, ¿tomamos algo?
B: Bueno…

> *A: ねえ、何か飲まない？
> B: そうだなあ…。

★相手の注意を引きたいときの決め手はこれ。oye は oír（聞く）の命令法だから、直訳すると「聞きなさい」となる、そのものずばりの表現だ。

★Oye. は tú に対する形。usted に対しては Oiga. [オイガ] となる。

★¿Tomamos algo? は bar（スペインの居酒屋兼喫茶店）などに誘うときの決まり文句。

7 Esto…
[エスト]
▶ あのー。

A: ¿Por qué?
B: **Esto**… Es que no tengo dinero.

> *A: どうして？
> B: あのー、実はお金がないんだ。

★Esto は「これ」の中性形。「言うべき内容は分かっているが、言いづらい」という感じで言いよどむ場合に使う。男性形の Este… を使う人もいる。

★日本語の「あのー」は、ano [アノ]（肛門）という、とんでもない言葉と同音なので、極力避けて、Esto… と言う癖をつけよう！

8 Pues…
[プエス]
▶ えーと…。

A: ¿Por qué la conoces tanto?
B: **Pues**…, verás…, yo…

> *A: どうして彼女のこと、そんなに詳しいの？
> B: えーと、それは、ぼくが…。

★Pues… は Esto…（⇒ 7 ）と同じく、言いよどむときのフレーズ。また、Pues sí.（そりゃそうだよ）のような強め、¿Pues qué esperas?（じゃあ、何をぐずぐずしてるの？）のようなつなぎの言葉としても使える。

★verás については、⇒ 139 。

4 CAPÍTULO 1

9 Regular.
[レグラール]

CHECK✓

▶ あんまり元気じゃない。

A：¡Hola! ¿Cómo estás?
B：Así, así. **Regular.**
A：¿Qué te pasa?

*A：やあ！ 元気？
B：まあまあ。あまり元気でもない。
*A：どうしたの？

★regular [レグラール] は英語の regular [レギュラー] と同語源だから「普通」なのかと思ったら、大間違い。これは、風邪を引いていたり、熱があったりして「あまり調子が良くない」という意味なのだ。元気がなくてもがんばって巻き舌の r を発音しよう。

★Así, así. も同じような意味で使える。Regular. とセットで使うと ¿Qué te pasa?（どうしたの?）と同情を誘うヒット率が上がる（?）。

10 Digo...
[ディゴ]

CHECK✓

▶ じゃなくて…。

Jefe：¿Quién se encarga de este asunto?
Empleada：El señor Gorila, **digo** Gómez.

上司：この件の担当者は誰ですか？
*社員：ゴリラさん、じゃなくて、ゴメスさんです。

★言い間違いをしたときは Digo... で軌道修正することができる。これは decir（言う）の現在形で、「先ほどの言葉は間違いで、私が言おうとしているのは…」ということになる。英語の I mean... と似た発想だ。

★encargarse de... は「…を担当する」、asunto は「業務、仕事」の意。

CAPÍTULO 1

11 ¡Frío!
[フリオ]
▶ 外れ！

Niño：¿Tienes cuarenta años?
Tía：¡No! ¡Frío, frío!

> **子ども**： おばちゃん、40歳？
> ***おば**： 違うわ。外れよ、外れ！

★クイズの「正解！」や「外れ！」は、スペイン語では温度に喩えて表す。まったく見当外れの答えだと ¡Frío! (寒い！、冷たい！)、「正解に近くなってきた！」は ¡Templado! (暖かい！)、「惜しい！」「もう少しで正解！」は ¡Caliente! (熱い！)、そして「当たり！」は ¡Te quemas! (君は燃えている！) となる。日常会話でもよく使う。

★日本語の「寒い！」には「冗談がつまらない」という意味もあるが、¡Frío! の「それは的外れ！」と、ある意味通じるものがあるかも。

12 ¿Estamos?
[エスタモス]
▶ 分かった？

A：Pero Laura...
B：Esto se acabó. ¿Estamos?

> **A**： でもラウラ…。
> ***B**： この話はこれでおしまい。分かった？

★「いいですか？」「分かりましたか？」は、¿Está bien? や ¿De acuerdo? (⇒ 24) などが思いつくが、なんと estar の活用形1語でも表せる。「私たちは了解した状態にありますか？」をシンプルにした究極の形だ。強い語調で ¿Estamos? と聞かれては、Sí. と答えるしかない。

★Esto se acabó. は「これは完了してしまった」という意味。se acabó は再帰動詞 acabarse (終わる、終わってしまう) の点過去形。相手につべこべ言わせない、迫力満点のアイテムだ。

13 ¿Por?
[ポル]

▶ どうして？

A: Mañana no puedo venir.
B: ¿Por?

   A: 明日は来られません。
   *B: どうして？

★「どうして？」「なぜ？」は ¿Por qué? と言うのが基本だが、話し言葉では qué を省略して、¿Por? だけで済ますことも多い。これでいいのかと心配になるほど短い。o の部分を伸ばし気味にして、語尾を上げて発音しよう。

★なお、¿Por? に対する返事は、porque（なぜならば）を使って、Porque tengo que ir al hospital.（病院に行かなくてはいけないので）のように言うのが一般的。

14 Hasta luego.
[アスタ・ルエゴ]

▶ またね。

A: Hasta luego.
B: Adiós, hasta luego.

   *A: またね。
   B: じゃあ、またね。

★別れのあいさつとして、Adiós. よりさらにお手軽なのが Hasta luego. 直訳すると「また後ほど」ということだが、実際は単なる「さようなら」の意味でよく使われる。

★速い会話では [アスタ・ルエゴ] でなく [タローゴ] のように聞こえる。この言い方に近づけて発音すると、スペイン語らしく響くはず。

15 ¡Cuánto tiempo!
[クアント・ティエンポ]

▶ 久しぶり！

A: ¡Cuánto tiempo sin verte!
B: Sí, ¡cuánto tiempo! ¿Cómo has estado?

   A: 会うのは久しぶりだね！
   *B: ほんと、久しぶりだね。元気にしてた？

★¡Cuánto tiempo sin verte! は「君に会わずになんと長い時間（が経ったことか）！」という意味。後半を略して ¡Cuánto tiempo! でも通じる。タイミングが大事なので、とりあえず短いほうのフレーズを覚えておこう。

★「久しぶり！」と来れば「元気にしてた？」と受けるのがお約束。動詞 estar の現在完了形 has estado を使えば OK。

CAPÍTULO 1

16 Buenos días.
[ブエノス・ディアス]
▶ さようなら。

Cliente: Gracias. Adiós.
Dependienta: Adiós, buenos días.

　客: どうも、さようなら。
***店員**: はい、さようなら。

★Buenos días. なんて基本？ いやいや、これを「おはよう」と決めつけるのは早計だ。「今日も、これからも、良い日々をお過ごしください」という意味なので、昼食の時間帯までの出会いだけでなく、別れのあいさつにも使えることを知っておこう。

★同様に、Buenas tardes. は「こんにちは」だけでなく、夕食の時間帯まで「さようなら」として使えるし、Buenas noches. は「こんばんは」と「お休みなさい」の2つの意味がある。

---

17 ¿Qué hay?
[ケ・アイ]
▶ 元気？

A: Hola, Rosa. ¿Qué hay?
B: Hola, ¿qué hay?

　A: やあ、ロサ。元気？
***B**: こんにちは。そちらはどう？

★「元気ですか？」に当たるあいさつとしては、¿Cómo estás? や ¿Qué tal? が紹介されることが多いが、実は ¿Qué hay? というフレーズもよく使うので、こちらもぜひ覚えよう。

★直訳すると「何がありますか？」ということだが、ウケねらいでなければ「机の上に本があります」などと答えてはならない。返答としては Bien, gracias. (元気だよ。ありがとう) などでいいが、必ずしも答えを要求しているわけでもない。ここでは ¿Qué hay? に対して ¿Qué hay? と切り返している。

18 Es que...
[エス・ケ]
▶ 実は…。

A: ¿Por qué no viniste ayer?
B: **Es que**...

   *A: 昨日はどうして来なかったの？
   B: 実は…。

★Es que... は「実は…なのだ」と、何かの事情について説明するときの必須表現（⇒ 148、172）。

★viniste は venir（来る）の点過去形。

19 O sea...
[オ・セア]
▶ つまり…。

A: Mañana no puedo verte. Y pasado mañana tampoco.
B: **O sea,** ¿ya no me quieres?

   A: 明日は会えない。明後日も無理だ。
   *B: つまり私が嫌いになったってこと？

★「かいつまんで言うと」「言いかえると」「要は」などに当たるのが o sea. sea は ser の接続法現在形。難しく思えるかもしれないが、気にせず o sea というセットで覚えておこう。

20 Voy tirando.
[ボイ・ティランド]
▶ 何とかやってるよ。

A: ¿Qué tal estás?
B: **Voy tirando.**

   *A: 調子はどう？
   B: まあ、何とかやってるよ。

★tirando は tirar の現在分詞。tirar には「投げる」「引く」など、いろいろな意味があるが、ここは「何とか生きていく」というニュアンス。voy を略して Tirando. だけでも使える。

CAPÍTULO 1

21 Un abrazo.
[ウン・アブラソ]

▶ じゃあね。

A: Hasta luego.
B: Venga, un abrazo.

*A: またね。
 B: うん、じゃあね。

★Un abrazo. は「1つの抱擁を」という意味。別れるときなどに、[ウン・アブラソ]と言いながら相手をハグ（抱擁）する。日本人にはちょっと恥ずかしいかも。電話やEメールの別れのあいさつでも使える。

★Un beso. [ウン・ベソ]（1つのキスを）と言いつつ頬に軽くキスをするのは、さらに居心地が悪いが、スペイン語圏ではごく普通の習慣。携帯電話のEメールでは "1b" と省略して書くこともある。

22 ¿Sabes qué?
[サベス・ケ]

▶ あのね。

A: ¿Sabes qué?
B: ¿Qué?
A: ¡Vamos a tener un bebé!

*A: あのね。
 B: 何？
*A: 赤ちゃんができたの！

★¿Sabes qué? は直訳すると「君は何か知っているか？」の意で、話題を切り出すときに便利な表現。相手は当然知らないので、¿Qué?（何？）と聞き返すのがお約束のパターン。英語の You know what? と同じく、「何」を表す語が後ろに来るおもしろい語順になっている。

★¡Vamos a tener un bebé! は「私たちは1人の bebé（赤ん坊）を持つだろう」という意味。これは2人にとって大事な話題だ！

23 Por cierto...

[ポル・シエルト]

▶ ところで…。

Cliente : Una moneda, dos, tres… **Por cierto,** ¿qué hora es?
Vendedora : Son las cinco.
Cliente : Bien. Seis, siete y ocho.

客：コイン1枚、2枚、3枚…。ところで、いま何時？
*売り子：5時です。
客：そうかい。6、7、8枚。

★話題を転換するときに使う「ところで」は、por ciertoという。ほかに a propósito や cambiando de temaという言い方もある。真似てどんどん使ってみよう。

★この例では、客は支払いの途中で時刻を尋ねて、支払い金額をごまかしている。古典落語「時そば」の翻案だが、これは真似なさらぬよう。

24 De acuerdo.

[デ・アクエルド]

▶ 了解。

A : Ven a buscarme a las ocho, por favor.
B : **De acuerdo.**

*A：8時に迎えに来て。
 B：分かった。

★相手の提案に賛成したいとき、用事を引き受けるとき、とりあえず Muy bien.（とてもいいね）と言えれば合格だが、De acuerdo. が使えると、それだけでネイティブっぽい会話になる。

★acuerdoは「同意」「一致」という意味。Estoy de acuerdo contigo.（私は君の意見に賛成だ）のように使うが、もっとシンプルにした De acuerdo. の使用頻度はとても高い。

★buscarは本来「探す」を表す動詞だが、このように「迎えに行く」の意味でも使われる（⇒ 132 ）。

CAPÍTULO 1

25 Desde luego.
[デスデ・ルエゴ]
▶ もちろん。

A: ¡Cuánto tiempo, Carlos! ¿Me recuerdas?
B: **Desde luego,** Mari… Maribel… ¿Marisol?

　*A: カルロス、久しぶり。私のこと、覚えてる?
　 B: もちろんだよ、マリ… マリベル… マリソルだったっけ?

★「もちろん」をスペイン語で言うと? Claro. はビギナーレベル。Por supuesto. は中級。Desde luego. を知っている人は上級だ。

★desde (…から) と luego (後で) とで「もちろん」という意味になるとは、ちょっと想像がつかない。

26 A ver…
[ア・ベール]
▶ どれどれ。

A: Aquí hay un agujero en este paraguas.
B: **A ver**… Sí, es verdad.

　*A: この傘、ここに穴があいてるの。
　 B: どれどれ…。ああ、ほんとだね。

★問題を検討しようというとき、口をついて出るのが、A ver. (どれどれ) という言葉。ver は「見る、考える」という意味の動詞だから、A ver. は「さあ、見せてください」「さあ、ちょっと考えさせてください」という意味になる。

★Vamos a ver… (えーと; ⇒ 51) は、この表現のバリエーション。「どれどれ」の意味でも使える。

27 Al grano.
[アル・グラノ]
▶ 本題に入ろう。

A: Bueno, sin rodeos, **al grano.**
B: De acuerdo.

　 A: じゃ、回りくどい話はぬきにして、ずばり本題に入ろう。
　*B: いいよ。

★grano は穀物、特にその粒を指す。小麦を刈り取ると、何より大切な grano を、わらや穂からえり分けなければならない。これを al grano (穀物を目指して) と言い、転じて「話の中核部分を目指す」という意味になった。

★rodeos は「遠回しな言い方、回りくどい話」という意味。

28 Pues nada...
［プエス・ナダ］
▶ **まあ、とにかく…。**

A : Mañana voy a jugar un partido con Eva.
B : ¿Ah, sí? **Pues nada,** ¡mucha suerte!

*A：明日、エバと試合をするの。
B：そう？ まあ、とにかく、がんばって！

★「特に伝えたい内容もないけれど、ここは何かひとこと言わなければ」という状況に置かれたときに便利なのが Pues nada。「まあ、大したことじゃないけど」「言うほどのことじゃないけど」のような意味。

★「どうしたの？」と尋ねられて、「別に」と答える場合にも使える。

★jugar un partido は「試合をする」の意。

29 En fin...
［エン・フィン］
▶ **じゃあ、そういうことで。**

A : Un día de estos vendrás a mi casa y...
B : De acuerdo. **En fin,** te dejo, que tengo prisa.

*A：近いうちに家に遊びに来てね。そしたら…。
B：いいよ。じゃ、そういうことで。またね。ちょっと急いでるんだ。

★fin は「結末、終わり」、en fin は「要するに、結局」という意味だが、そろそろ話を切り上げたい、というときにも使える。「じゃあ、そういうことで話を締めくくって」という調子で、角を立てないところが良い。

★話題が一段落して、会話が途切れたときにも、En fin... とポツンと言えば、「ま、いろいろあるよね」のように間を持たせることができる。気遣い重視の現代人向きの表現と言えそうだ。

★vendrás は venir（来る）の未来形。te dejo は「私は君を置いて行く」という意味。

CAPÍTULO 1

30 ¡Eso es!
[エソ・エス]
▶ そのとおり！

A: ¿Es este el mapa del tesoro?
B: ¡Eso es!

*A: これが宝の地図？
B: そのとおり！

★相手がずばり正しいことを言ったときは、¡Eso es! と応じよう。英語の That's it! と同じ構文。

★さらに強調したいときは、¡Eso sí que es! と言う。その逆は ¡Eso sí que no! (絶対違うってば！)。こちらは sí と no のコラボ状態なので、肯定しているのか、否定しているのか紛らわしいが、強い否定を表す。

31 Tienes razón.
[ティエネス・ラソン]
▶ 君の言うとおりだ。

Niño: La culpa la tiene Julio.
Mamá: Sí, sí. **Tienes razón.**

子: 悪いのはフリオだよ。
*母: はい、はい。あなたの言うとおりよ。

★Tienes razón. はあいづちの常道。巻き舌が大変だが、がんばってどんどん使おう。razón は英語の reason, つまり「理由、道理」という意味で、文全体では「君は道理を持っている」ということになる。

★tener la culpa は「(過失の) 責任がある」の意。

32 ¡Que sí!
[ケ・シ]
▶ そうだってば！

A: ¡Pero no puede ser!
B: **¡Que sí!** Él es el autor del crimen.

*A: でも、そんなはずないよ！
B: そうなんだってば！ 彼が犯人だよ。

★単なる「はい」「いいえ」ではなく、「絶対そうなんだ！」のように強調したいときのテクニックを覚えよう。sí (はい), no (いいえ) の前に que を付ける。「絶対そんなはずはない！」なら、¡Que no! と言えばいい。que は低く抑えて発音するのがポイント。

★なお、autor del crimen は「犯罪の作者」、つまり「犯人」のこと。

14 CAPÍTULO 1

33 Tú dirás.
[トゥ・ディラス]

▶ **言ってみて。**

A: Quería hacerte una pregunta.
B: **Tú dirás.**

*A: 聞きたいことがあるんだけど。
B: どうぞ、言ってみて。

★相手が用件を切り出しにくそうにしているときは、Tú dirás.(言ってみて)と助け舟を出そう。dirás は decir(言う)の未来形。つまり「君は言うだろう」ということだが、優しく言えば、上から目線の表現にはならないので、安心して使ってみよう。

★quería は querer(欲する)の線過去形。ここでは過去のことではなく、現在のことを控えめに述べている。

34 Como quieras.
[コモ・キエラス]

▶ **お好きなように。**

A: Primero subamos a la montaña rusa, y después al tiovivo y…
B: Sí, **como quieras.**

*A: まずジェットコースターに乗って、次にメリーゴーラウンドに乗って、それから…。
B: うん、君の好きにしていいよ。

★相手がどんな提案をしようと受け入れる用意があるときは、Como quieras. で、意思を表せる。quieras は querer(欲する)の接続法現在形。「君が望むどんなことでも」というニュアンスになる。

★como を低く抑えて発音するのがポイント。この部分を高く言うと「…のように」ではなく comer(食べる)の現在形と解釈されて、せっかくの譲る気持ちが伝わらない。

CAPÍTULO 1 15

35 ¿Te importa?

[テ・インポルタ]

▶ 構わない？

A: ¿**Te importa** que fume?
B: Claro que no. En absoluto.

> A: たばこを吸っても構わない？
> *B: もちろん。全然構わないよ。

★「…してもいいですか？」と許可を求める場面は、日常会話でよく登場する。ここは importar（重要である；問題である）の出番だ。¿Te importa? の後に文を続けるときは、動詞は接続法になる。

★答え方にも注意しよう。「構わない」場合は No. と言わなければならない。うっかり Sí. と言ってしまうと、「困ります」という拒絶の返事になる。英語の Do you mind...? に対する返答と同じだ。

★en absoluto は、否定文で「まったく…（ない）」という意味。

36 Pero vamos.

[ペロ・バモス]

▶ まあ、何て言うか。

A: ¿Qué opinas de este plan?
B: No está mal, **pero vamos,** no puedo contestar de una manera categórica.

> *A: この計画、どう思う？
> B: 悪くないけど、まあ、とにかく、はっきりとした答えは出せないよ。

★「あっ、今の自分の発言はあまり適切じゃなかった。軌道修正したい」——そんなとき、スペインの人は Pero vamos. というフレーズを使う。直訳すると「しかし、行こう」、つまり「さっきのは、なしだ。今から言うことを聞いてくれ」という感じ。

★ここでは、No está mal.（悪くない）という言葉を「100% 賛成」と受け取られては困るので、あわてて仕切り直している。こんなふうに、ちょっと言い過ぎたとき、逆に言い足りなかったときに、とても便利な表現。

★de una manera categórica は「断定的なやり方で」という意味。

37 Por favor.
[ポル・ファボール]
CHECK✓

▶ **すみません。**

A: **Por favor,** ¿cómo se va a la Plaza Mayor?
B: Siga todo recto y luego gire la segunda a la derecha.

　A：すみません。中央広場にはどう行けばいいですか？
＊B：まっすぐ行って、2つ目の角を右に曲がってください。

★誰かを呼びとめるときの「すみません」。これはスペイン語でも Perdón. や Disculpe. のようなお詫びの言葉を使うことが可能だが、Por favor. もよく使われる。「お願いします」の意味だけでなく、誰かにものを尋ねたくて呼び止めるときの「すみません」にもぴったりの表現なのだ。「呼び止めてすみません」というより、「頼みたいことがあるんです」というポジティブな発想を採り入れよう。

★siga は seguir (進む；従う) の接続法現在形。gire は girar (曲がる；回る) の接続法現在形。どちらも命令の意味で使われている。

38 Lo siento.
[ロ・シエント]
CHECK✓

▶ **ごめん。**

A: ¿Vienes a la fiesta de esta noche?
B: Mira, es que tengo otro compromiso. **Lo siento** de verdad.

＊A：今夜のパーティー、来ない？
　B：いや、実は先約があるんだ。本当に悪いんだけど。

★日本語では、「すみません」「ごめんなさい」と、すぐ謝る。スペイン語の Perdón. は「自分の非を認めます」という重い言葉だから、濫用は禁物だ。例えば、上の会話のような状況で Perdón. はちょっと不自然。パーティーに行けないのは、自分の責任ではないからだ。

★こんなときは Lo siento. を使おう。lo は「そのこと」、siento は sentir (残念に思う) の現在形。全体では「私はそれを残念に思います」の意。直訳すると無責任な政治家の発言みたいだって？ Lo siento. (すみません)。

39 Ya veo.
[ヤ・ベオ]

▶ なるほど。

A: Me gusta este trabajo. No me resulta cansado ni nada.
B: **Ya veo,** ya.

> *A: この仕事が好きなの。ちっとも疲れたと思わないんだ。
> B: なるほど、なるほど。

★相手の言葉に納得して、「なるほど」とあいづちを打つなら、Ya veo. というフレーズがおすすめ。ya(もう、すでに)と ver(見る)という動詞のセットで、「私はすでに了解した」、つまり「なるほど、分かった」ということになる。

★後に ya をもう1つおまけして、Ya veo, ya. とすると、深々とうなずいている感じが出せる。

40 Sigue, sigue.
[シゲ・シゲ]

▶ 話を続けて。

A: Por eso leí su *blog* y descubrí que...
B: ¿Qué descubriste? **Sigue, sigue.**

> *A: で、私、彼のブログ読んだの。そしたら知ってしまったの…。
> B: 何が分かったの？ 話を続けて。

★seguir(続ける)の命令法を繰り返して、「続けて、続けて」と話を促す表現。

★ほかに Continúa.(続けて)、¿Y luego?(で、それから?)のような表現も有効だ。

★descubrí, descubriste は descubrir(発見する)の点過去形。

41 Cuéntame, cuéntame.
[クエンタメ・クエンタメ]

▶ 話して、話して。

A: ¿Y qué pasó después? **Cuéntame, cuéntame.**
B: Pues nada. Nos despedimos y no nos hemos vuelto a ver.

> A: それからどうなったの？ 話して、話して。
> *B: 別に。そこで別れて、それっきり。

★話の続きを促す定番は Cuéntame, cuéntame. これは contar(語る)の命令法に me(私に)をプラスした形だが、繰り返して言うところがポイント。

★"volver a + 動詞原形"で「再び…する」の意。ここでは hemos vuelto と現在完了形になっている。

42 Y eso.
[イ・エソ]
▶ とか、いろいろ。

A: ¿Qué se vende en esa tienda?
B: Pues toda clase de té inglés **y eso.**

*A: そのお店、どんなものを売ってるの？
B: そうだね、いろんな紅茶とか、そういったもの。

★「など」を表す etc. [エトセテラ] (etcétera) という言葉は、私たちにはなじみがあるが、これはラテン語で、ちょっと固い表現。代わりに、くだけた会話では y eso (そして、それ) という表し方をすることが多い。また、y cosa por el estilo (そしてそれに類する事柄) という言い方もある。

43 Me suena.
[メ・スエナ]
▶ 見覚え[聞き覚え]がある。

A: **Me suena** esta chica de la foto.
B: ¡Claro, soy yo!

A: この写真の女の子、見覚えがあるんだけど。
*B: 当たり前でしょ。これ、私だもん！

★Me suena. は「…は私に対して sonar (訴えかける音を出す) している」と訳すことができる。つまり、「見覚え[聞き覚え]がある」という意味だ。sonar (音を出す、鳴る) には、こんな意外な使いみちがある。

★逆に、全然心あたりがないときは、No me suena nada. と言う。

44 Con razón…
[コン・ラソン]
▶ 道理で…。

A: ¿Sabías que Marta está enferma?
B: No. **Con razón** no asiste al club últimamente.

*A: マルタ、病気なんだって。知ってた？
B: いや。道理で最近クラブに来ないと思ったよ。

★納得したことを表すには、con razón という表現が便利。「道理を伴って」という意味だから、日本語の「道理で」とそっくり。razón については、⇒ 31 。

★Con razón. だけで済ませてもいいが、後に文を続けて、「そういう訳で…だったのか！」と、詳しく表現することもできる。

★asistir a... は「…に参加する、出席する」の意。

CAPÍTULO 1   19

45 Ya voy.
[ヤ・ボイ]

▶ 今行くよ。

A: Ven, tienes una visita.
B: ¡**Ya voy**, ya!

*A: ちょっと来て。あなたにお客さまよ。
B: はいはい、今行くよ！

★英語では「今行くよ」は go (行く) ではなく come (来る) を使って I'm coming. と言うが、スペイン語では ir (行く) で OK。現在形の Voy. という 1 語でも構わないが、ya (もう) をつけて Ya voy. (今行くよ) という表現がよく使われる。また、後に ya を繰り返すと、「はいはい、分かったから、ちょっと待って」という感じが出る。

46 De entrada…
[デ・エントラダ]

▶ 断っておくけど…。

A: Tío, quisiera pedirte un gran favor.
B: A ver. Pero **de entrada**, no tengo dinero.

*A: おじさん、とても大事なお願いがあるんだけど。
B: 何？ でも断っておくけど、お金はないよ。

★「まず断っておくけど」と前置きしてから、本題に入りたい。そんなときは De entrada... で始めればいい。entrada は「入ること、入り口」の意味。

★Para empezar... (始めるに当たって…) という言い方もある。どっちにしても、あまり楽しくない話題の前触れである可能性が高い。

★quisiera は querer (…したい) の接続法過去形。

47 ¡Quién sabe!
[キエン・サベ]

▶ 知らないよ！

A: ¿Y cuándo va a venir tu amigo ese?
B: ¡**Quién sabe**! No me preguntes.

A: 君の友達とやらは、いつ来るの？
*B: 知らないよ！ 私に聞かないで。

★返答に窮したときは、¡Quién sabe!──「誰が知っているだろうか！」「知るものか！」を使おう。No me preguntes. (私に尋ねないでください) というフレーズと合わせて使うことも多い。

★なお、tu amigo ese では、ese (その) が後ろに置かれて、「君の友達とやら」のような軽蔑のニュアンスが含まれている。

48 Bromas aparte...

[ブロマス・アパルテ]

▶ 冗談はさておき…。

A: ¿Qué es poesía?
B: Poesía eres tú. **Bromas aparte,** es una pregunta muy difícil de contestar.

*A: 詩ってどういうもの？
 B: 君自身が詩じゃないか。冗談はさておき、それは難問だね。

★冗談から真面目な話に移るときの「冗談はさておき」。スペイン語ではBromas aparte...と言う。broma（冗談）、aparte（別にして）と、驚くほど日本語とそっくりの構成だ。同様に、esto aparte（この件はさておき）のようなフレーズも作れる。

★なお、¿Qué es poesía?——Poesía eres tú. の部分は19世紀ロマン派の詩人 G. A. Bécquer（ベッケル）のロマンチックな詩の一節だ。

49 De todos modos...

[デ・トドス・モドス]

▶ とにかく…。

A: Hay muchos asuntos que arreglar.
B: Bueno. **De todos modos,** hablaremos de eso mañana.

*A: 処理しなければならない案件がたくさんあります。
 B: そうか。とにかく、それについては明日話そう。

★「とにかく」「何しろ」のように、話をはしょって結論を出してしまう言葉は便利。その定番は de todos modos だが、de todas maneras や de todas formas のようなバリエーションもある。

★アメリカ合衆国にはスペイン語を話す人が約3500万人もいて、英語の anyway（とにかく）をそのままの形でスペイン語に入れて使うことがある。例えば、*Anyway,* hablaremos de eso mañana. のような調子だ。

★asunto は「用件」、arreglar は「処理する、対処する」（英語の arrange）の意。

CAPÍTULO 1

50 ¡Qué más da!
[ケ・マス・ダ]
▶ それがどうしたの？

A: Yo no soy francés, sino belga.
B: **¡Qué más da!** Lo importante es que me solucione el caso.

　　A: 私はフランス人ではなく、ベルギー人です。
　*B: それがどうしたの？ とにかくこの事件を解決してよ。

★相手の弁解が無意味に思えてしかたがないとき、¡Qué más da! のひとことが効果抜群！ この表現を直訳すると「(それが) これ以上何をもたらしてくれるのか？」、つまり「それはどうでもいいことだ」という意味になる。

★solucione は solucionar (解決する) の接続法現在形。

51 Vamos a ver...
[バモス・ア・ベール]
▶ えーと。

A: ¿Cuándo era?
B: Hace... **vamos a ver**... tres días.

　　A: いつのこと？
　*B: それは、えーと、3日前だよ。

★Vamos a ver... は「見てみよう」という意味。考えて答えを出そうとしている感じが出ている。これが日本語の「えーと」に当たる。

★なお、era は ser の線過去形、hace は「…日前」「…年前」など過去の時点を表す言葉。

52 Más o menos.
[マス・オ・メノス]
▶ まあまあ。

A: ¿Lo has entendido?
B: Sí, **más o menos**.

　*A: 分かった？
　　B: まあまあ分かった。

★más o menos を直訳すると「もっと多く、またはもっと少なく」。だから「多かれ少なかれ」「だいたい」「まあまあ」という、アバウトな感じを表すフレーズになる。

★「分かった？」と聞かれたときも、¿Has terminado el trabajo?（仕事、できた？）と聞かれたときも Más o menos. で答えられる。「パーフェクトではないが、そこそこやっている」という場合にとても便利。

53 ¡Ya lo tengo!
[ヤ・ロ・テンゴ]

▶ 分かった！

Doctor : ¡Ya lo tengo!
Ayudante : ¿Otro descubrimiento, doctor?

> 博士：分かったぞ！
> *助手：先生、また新発見ですか？

★「そうだったのか！」「そうか、分かった！」「謎が解けた！」——この「すっきり」感は ¡Ya lo tengo! と表せる。「私はもはや、それを手に入れた！」という意味。lo (それを) は、ここでは「答え」「問題の解決策」を指す。

★ caer (落ちる) を使って ¡Ya caigo! と言うこともできる。日本語の「これで腑 (ふ) に落ちた！」と同じ発想だ。

54 ¡De ninguna manera!
[デ・ニングナ・マネラ]

▶ とんでもない！

A : Toma este chocolate, papá.
B : ¡De ninguna manera! Se lo tienes que regalar a tu novio.

> *A：お父さん、このチョコ、受け取って。
> B：とんでもない！　これは彼氏にあげなきゃ。

★相手の言葉を強く打ち消したいとき、No. では物足りない。ここは De ninguna manera. で決めよう。manera は「方法」。文全体で「どんな方法でも (だめ)」となる。英語なら By no means. に相当する。

★なお、toma は tomar (受け取る) の命令法。

55 Ya lo sé.
[ヤ・ロ・セ]

▶ 分かってるよ。

A : Yo no he sido. Tengo una coartada.
B : Sí, sí, ya lo sé.

> A：ぼくじゃないよ。ぼくにはアリバイがあるんだから。
> *B：はいはい。分かってるって。

★「君の言い分は百も承知。聞かなくても分かっている」というときの決めぜりふは Ya lo sé. (私はもうそれを知っている)。ya は「もう」、lo は「それを」、sé は saber (知る) の現在形。相手をなだめるには、Ya lo sé. を sí と組み合わせて使うと効果的だ。

★ he sido は ser の現在完了形。

CAPÍTULO 1

56 Creo que sí.
[クレオ・ケ・シ]
▶ そう思う。

A : ¿Vamos bien por este camino?
B : **Creo que sí.**

*A : この道で正しいの？
B : そうだと思うよ。

★質問に対して歯切れの悪い返答しかできないときは、Creo que sí. という表現が最適。sí (はい) の前にcreo que (私は…だと思う) を付ければOK。英語に直訳すると (I) think that yes. のような奇妙な文だが、スペイン語ではこれで問題ない。

★反対に、「そうじゃないと思う」は、Creo que no. となる。便利だが、いかにも自信がなさそうに聞こえるので、乱発しないほうがいい、と思うのだが…。

57 No sé qué…
[ノ・セ・ケ]
▶ 何だか…。

A : Pedro es serio, formal, trabajador…
B : Sí, pero le noto un **no sé qué**…

*A : ペドロはまじめで礼儀正しくて、働き者で…。
B : うん、でも何だか気になるんだ。

★no sé qué (私は何なのか知らない) という形は、思いがけない働きをする。全体で1つの男性名詞のようになって、「1つの不明なこと」「何だかよく分からないこと」という意味で使われている。

★una no sé qué bebida (得体の知れない飲み物) のように形容詞としても使える。はっきり把握していない内容を、とにかく言葉で表現しなければならないときに、とても便利なフレーズ。

★noto は notar (気づく；英語の notice) の現在形。

58 No sé dónde…
[ノ・セ・ドンデ]
▶ どこかしらで…。

A: ¿La conoces?
B: Bueno, creo que la he visto **no sé dónde.**

*A: あの女の人、知り合い？
B: うん、まあ。どこかで会った気がするんだけど。

★No sé qué... (⇒ 57) のパターンは応用がきく。no sé dónde とすれば「どこだか…」、no sé quién は「誰だか…」、no sé cómo は「どういうふうにか…」といった具合だ。ここでは no sé dónde が「どこか知らない場所で」の意味で使われている。

★he visto は ver (会う；見る) の現在完了形。

59 ¿Cómo lo diría?
[コモ・ロ・ディリア]
▶ 何て言ったらいいのかな。

A: Pues, **¿cómo lo diría?** Se trata de ti y de mí.
B: ¿Acaso estás hablando del dinero que me debes?

A: ええと、何て言ったらいいのかな。君とぼくのことだけど。
*B: ひょっとして私があなたに貸してあげたお金の話？

★¿Cómo lo diría? は、言いたいことがうまく言葉にならないときや、言いにくい話題を持ち出すとき、つなぎの句として役に立つ。cómo は「どのように」、lo は「それを」、diría は decir (言う) の過去未来形。合わせて「私はそれをどのように言えばいいだろうか？」となる。

★tratarse de... で「これは…に関することだ」の意。

60 No me extraña.
[ノ・メ・エクストラニャ]
▶ 無理もない。

A: Luz corre rápido como un rayo.
B: **No me extraña.** Si se llama Luz.

A: ルスは走るのがすごく速いね。
*B: そりゃそうだ。名前がルス (＝光) だし。

★「私は、そんなこと、ちっとも不思議に思わない」と言いたいとき、スペイン語では No me extraña. (それは私を不思議がらせない) と表現する。

★como un rayo (稲妻のように) は足の速さなどの喩えに使われる (⇒ 355)。また、luz は「光」という意味だが、女性の名前としても使える。名は体を表す Luz ちゃん、陸上選手として活躍して！

CAPÍTULO 1

61 Ya me voy.
[ヤ・メ・ボイ]

▶ これで失礼します。

A: ¡Uy, es tarde! Pues **ya me voy**.
B: Pero puedes quedarte más, ¿no?

*A: あっ、もうこんな時間。そろそろ失礼するね。
B: まあ、まだいいじゃないか。

★その場を立ち去るときのお決まりのフレーズが Ya me voy.（もう私は行ってしまいます）。ir は「行く」だが、これに「自分」を表す代名詞を付けると「行ってしまう、立ち去る」と、少し意味が変化する。この状況で volver（帰る）を使って Ya vuelvo. と言うと、「この場にすぐに戻ってくる」ということになって、相手を混乱させるので注意しよう。

★また、Ya me voy. は、Ya voy.（今行くよ；⇒ 45 ）と形がよく似ているが、「行く」方向がまったく逆なので、間違えずに使おう。

★quedarse は「留まる、残る」の意。

62 Claro que sí.
[クラロ・ケ・シ]

▶ もちろん。

A: ¡Qué sarcasmo! ¿Puedo reírme?
B: **Claro que sí.**

*A: きつい皮肉だね。ここは笑っていいのかな？
B: もちろん、いいとも。

★sí、no の前に claro que という語句を付ければ「もちろんそうです」「もちろんそうではありません」という、きっぱりとした返事になる。¡Que sí!（そうだってば！；⇒ 32 ）は、相手が半信半疑でいるときに適しているのに対して、Claro que sí. は、どんなときでも使える。

★Claro que puedes reírte.（もちろん笑っていいとも）のように、このパターンはいろいろ応用がきく。

63 Que yo sepa...

[ケ・ヨ・セパ]

▶ 知る限りでは…。

A : ¿José vive en el colegio mayor todavía?
B : **Que yo sepa,** ya no vive ahí.

> *A : ホセは今でも学生寮に住んでるの？
> B : ぼくの知る限りでは、もうそこにはいないらしいよ。

★「言い切る自信はないが、手持ちの情報から判断すると"こうだ"としか言いようがない」——こんなときに役に立つのが Que yo sepa. 文頭の que はつなぎの語で、ここでは「…する限り」という意味。sepa は saber（知る）の接続法現在形。熟語としてセットで覚えよう。

★動詞を recordar（覚える）に代えた Que yo recuerde...（私が覚えている限りでは）という表現もある。

★なお、colegio mayor は、スペインの大学などの寮のこと。

64 Cambiemos de tema.

[カンビエモス・デ・テマ]

▶ 話題を変えよう。

A : Es una chica antipática, muy mal vestida...
B : **Cambiemos de tema,** ¿quieres?

> *A : あの子は意地悪だし、着てるもののセンスも悪いし…。
> B : ねえ、話題を変えようよ。

★Cambiemos de tema. と言えば、今の話題を切り上げることができる。cambiemos は cambiar（変える）の接続法現在形。「…しよう」と提案する用法で使われている。tema は「話題」。a で終わっているが男性名詞だ。

★見落としがちだが、大事なポイントは de の存在。de のおかげで「A という話題から B という話題に移る」という意味が出せる。cambiar de tren（電車を乗り換える）、cambiar de casa（引っ越す）などでも、この de が活躍している。

CAPÍTULO 1

65 Me viene bien.
[メ・ビエネ・ビエン]

▶ 都合がいい。

A : ¿Qué te parece el domingo que viene?
B : **Me viene bien.**

　　*A : 次の日曜はどう？
　　 B : いいよ。

★venir（来る）は、日常会話でとても便利な動詞だ。Me viene bien. は直訳すると「〈それは〉私には良く来る」となるが、これで「私にとって都合がいい」という意味になる。「都合が悪い」場合は Me viene mal. と言う。

★el domingo que viene は「やって来る日曜日＝次の日曜日」という意味。ここでも venir という語が活躍している。

66 O mejor dicho...
[オ・メホール・ディチョ]

▶ と言うより…。

A : ¿Eres músico?
B : Sí. **O mejor dicho,** lo era.

　　*A : あなたはミュージシャン？
　　 B : うん。て言うか、前はそうだった。

★ある表現よりも、もっと適切な言い方を思いついたとき。または、相手の言葉をソフトに訂正したいとき。O mejor dicho... はこんな場合の必須アイテム。

★dicho は decir（言う）の過去分詞。全体を直訳すると「あるいは、より良く言うと…」となる。ほかに、少し長いが o lo que es lo mismo（または、同じことだが）という言い方もある。

★ここでは、O mejor dicho... をうまく使って ser の現在形 soy を、線過去形 era に訂正している。

67 ¿Y a mí qué?
[イ・ア・ミ・ケ]

▶ 私には関係ない。

A: Hoy se celebra un congreso internacional en Madrid.
B: **¿Y a mí qué?**

　A: 今日、マドリードで国際会議があるんだ。
*B: 私に何の関係が？

★相手の話が自分とは関係がないとき、¿Y a mí qué me importa? (で、それが私に何の関係があるの?) と言いたくなる。この後半を略して ¿Y a mí que? と言うことが多いので、これを覚えよう。

★語調によっては、「知らないよ」としらを切ったり、「だったら何だよ」と居直ったりするニュアンスも出せる。

★再帰動詞 celebrarse は「(会議・式などが) 行われる」の意。

68 ¡Y que lo digas!
[イ・ケ・ロ・ディガス]

▶ そうだね！

A: Para café bueno, no hay como este lugar.
B: **¡Y que lo digas!**

　A: おいしいコーヒーには、ここほどいい場所はないね。
*B: 本当だね！

★この表現は、形だけ見てもどういう意味なのか見当がつきにくい。digas は decir (言う) の接続法現在形で、文全体では「そして、確かに君がそう言うべきだよ！」ということになる。これは相手の意見に同意していることを強調する表現。Tienes razón. (君の言うとおりだ: ⇒ 31) よりもずっと迫力がある。これが使えるあなたは会話の達人？ ¡Y que lo digas! (そのとおり！)

CAPÍTULO 1　29

69 A lo que iba...
[ア・ロ・ケ・イバ]
▶ 話は戻るけど…。

A: Bueno, **a lo que iba.** ¿Cuándo formasteis el dúo?
B: Hace cinco años.

*A: で、話は戻りますが、お２人がデュオを結成したのはいつですか？
B: ５年前です。

★話がそれたので、さっきの話題に戻りたい――こんなときは A lo que iba. という表現が便利。iba は ir（行く）の線過去形なので、直訳すると「私が行こうとしていた事柄に（行こう）」という意味。

★¿Por dónde íbamos?（私たちはどこに行こうとしてたっけ？ ＝ 何の話だったっけ？）という疑問文もある。

70 Si no me equivoco...
[シ・ノ・メ・エキボコ]
▶ 間違いでなければ…。

A: Perdona. **Si no me equivoco,** ¿eres Beatriz?
B: Sí, soy yo.

A: あのー、ひょっとして君、ベアトリス？
*B: うん、そうだよ。

★自分の言うことに自信がないときは、これを使おう。me equivoco は再帰動詞 equivocarse（間違う）の現在形。全体では「もし私が間違っていなければ」となる。

★動詞を recordar（覚える）に代えると、Si no recuerdo mal...（もし私の記憶が正しければ…）という類似表現のできあがり。

71 Eso es otra cosa.
[エソ・エス・オトラ・コサ]
▶ それなら話は別だ。

A: Hay que contratarla. Es hija del director.
B: Ahora entiendo. **Eso es otra cosa.**

A: 彼女を採用しなくちゃ。部長の娘さんなんだ。
*B: なるほど。それなら話は別だね。

★Eso es otra cosa. ――直訳すると「それは別のことだ」。日本語で言うと、「そういうことなら話は別だ」に近い。

★話を聞いていて疑問が氷解したとき、Ahora entiendo.（今分かった）とセットで、この表現を使おう。「うん、なるほど」という仕草も忘れずに。

72 ¿No te das cuenta?
[ノ・テ・ダス・クエンタ]
▶ 気がつかないの？

A : ¿Por qué estás tan enfadada?
B : ¿**No te das cuenta** de que me he cortado el pelo?

> A：何をそんなに怒ってるの？
> *B：気がつかないの？ 私、髪切ったのに。

★「気がつく」は、スペイン語では darse cuenta（自分に cuenta〈気づき〉を与える）という形で表現する。ここでは、tú を主語にした「君は君自身に気づきを与えないのか？」という形になっている。

★「…に気がつく」と言いたいときは、後に de... を続ければ OK。

73 Te doy mi palabra.
[テ・ドイ・ミ・パラブラ]
▶ 約束するよ。

A : ¿Me lo prometes?
B : Sí, mujer. **Te doy mi palabra.**

> *A：約束する？
> B：ああ。約束するよ。

★固く誓うとき、prometer（約束する）という動詞を使うのが基本だが、ここではワンランク上のフレーズ Te doy mi palabra. を覚えよう。直訳すると「私は君に私の言葉を与えます」という意味。英語の I give you my word. という表現と同じだ。

74 Lo tendré en cuenta.
[ロ・テンドレ・エン・クエンタ]
▶ 気に留めておくよ。

A : No olvides. Esta es la última oportunidad.
B : Bien. **Lo tendré en cuenta.**

> *A：忘れないで。これが最後のチャンスなんだよ。
> B：分かった。そのつもりでいるよ。

★「忘れず気に留めておくから、心配しないで」と言いたいときは、tener ... en cuenta（…を考慮に持つ）という熟語がぴったり。tener（持つ）を未来形 tendré にして Lo tendré en cuenta. と言えば、「私は lo〈そのこと〉を気に留めておくつもりだ」、つまり「気に留めておくよ」の意味になる。

★Tenlo en cuenta.（気に留めておいてね）という命令法のバリエーションも便利。

CAPÍTULO 1

75 Ahora que lo dices…
[アオラ・ケ・ロ・ディセス]
▶ 言われてみると…。

A : ¿No te parece extraña su conducta?
B : Hombre, **ahora que lo dices**…

> *A : あの人の行動、何だか変じゃない？
> B : 確かに、そう言われてみると…。

★「言われてみれば、確かにそのとおりだね」と、相手の鋭い指摘に感心する。これを表すには、ahora que (…する今になって) という形を使うといい。その後に lo dices (君がそれを言う) を加えると、「君がそれを言う今になってみれば」、つまり「言われて今気づいたが」となる。

★usted に対しては、動詞 decir (言う) の形を少し変えて ahora que lo dice (あなたがそうおっしゃる今は) となる。

76 Eso me recuerda que…
[エソ・メ・レクエルダ・ケ]
▶ そう言えば…。

A : Han estrenado otra película en 3D. ¿La has visto?
B : No, pero **eso me recuerda que** tengo que arreglar mis gafas.

> *A : また 3D 映画が封切られたね。もう見た？
> B : いいや。でも、そう言えば、眼鏡を修繕しなきゃ。

★話の内容からの連想で、ふと何かを思い出した。こんな状況にぴったりなのが Eso me recuerda que… というフレーズ。recuerda は recordar の現在形。ここでは「思い出す」ではなく、「思い出させる」という意味だ。全体では「それは私に…を思い出させる」となる。英語の That reminds me… に当たる。

★que の後に、思い出した内容を付け加えればいい。ここでは「私は私の眼鏡を修繕しなければならないこと」がそれに当たる。

★han estrenado は estrenar (〈映画を〉封切りする) の現在完了形。

77 ¿Eso qué quiere decir?
[エソ・ケ・キエレ・デシール]
▶ それってどういう意味？

A: Ya puedes estar tranquila. Todo está arreglado.
B: ¿Eso qué quiere decir?

　A：もう心配しなくていいんだよ。みんな片付いたから。
　*B：それってどういう意味？

★相手の言ったことがすぐには飲み込めずに、「それってどういう意味？」と聞き返す。これにぴったりなのが、¿Eso qué quiere decir? というフレーズ。eso（それ）を qué（何）よりも前に出すのは、学校文法を習った人には抵抗があるかもしれないが、会話ではよく使う言い方。

★quiere decir は「言いたい」という意味もあるが、ここでは「意味する」を表している。¿Qué quiere decir esta palabra?（この単語はどういう意味ですか？）のように、どんどん使おう。

78 ¿Te has hecho daño?
[テ・アス・エチョ・ダニョ]
▶ けがしなかった？

A: ¿Te has hecho daño?
B: No, no es nada. Gracias.

　A：けがしなかった？
　*B：大丈夫だよ。ありがとう。

★アクシデントの後のとっさのひとことがこれ。te has hecho は hacerse（自分に…する）という動詞の現在完了の形、daño は「害、けが」。合わせて「君は自分に害を与えたか？」という意味になる（⇒ 121）。

★このように気遣ってもらったら、大したことがないときは、No es nada.（何でもない）と言って相手を安心させるのは、スペインでも日本と同じ。大丈夫でなければ、Me duele aquí.（ここが痛い）のようなフレーズで応じることになる。

79 Ni que decir tiene.
[ニ・ケ・デシール・ティエネ]

▶ 言うまでもない。

A: ¿Seguro que me guardarás el secreto?
B: ¡Ni que decir tiene!

　A: 本当に秘密を守れる？
*B: 言うまでもないよ！

★Ni que decir tiene. は、知らないと見当もつかないフレーズだ。語順を変えて ni tiene que decir とすると、「言う必要もない＝言うまでもない、もちろん」という意味だと分かる。

★¿Seguro que...? は「確かに…ですか？」と念を押す表現の定番。話し手の性別にかかわらず、常に seguro という形を使う。guardarás は guardar（守る）の未来形。

80 Gracias de todos modos.
[グラシアス・デ・トドス・モドス]

▶ せっかくなんだけど。

A: Ah, ¿ya no necesitas estas tijeras que te he traído?
B: No, pero gracias de todos modos.

　A: ああ、はさみを持って来たんだけど、もういらないんだね？
*B: そうなの。せっかく持って来てくれたのに、ごめんね。

★相手の親切が、実はこちらの利益にならないことがある。そんなとき、私たちは「せっかく…してくれたのに、ごめんね」と、厚意を生かせなかったことを謝って、円満な人間関係を維持する。

★スペイン語では、Gracias de todos modos. という便利なフレーズがある。gracias はご存じ「ありがとう」、de todos modos は「とにかく」（⇒ 49 ）。つまり「（あなたの厚意は生かせなかったけれど）とにかくありがとう」ということ。謝罪より感謝の気持ちを先行させる発想だ。

★he traído は traer（持って来る）の現在完了形。

81 Y no es para menos.
[イ・ノ・エス・パラ・メノス]
▶ **それもそのはず。**

A: Paula está muy contenta, **y no es para menos,** porque…
B: ¿Porque le ha tocado la lotería?

   *A: パウラはとってもご機嫌だよ。それもそのはず、彼女は…。
   B: 宝くじに当たったの？

★「それもそのはず」はY no es para menos. という、ごく基本的な単語だけのフレーズで表現できる。「そして、それはより少ないものではない」、つまり「それ相応のものだ」「それも無理はない」という意味。

★tocar la lotería は「(…に) 宝くじが当たる」の意。

82 Ya no te entretengo más.
[ヤ・ノ・テ・エントレテンゴ・マス]
▶ **引きとめてごめんね。**

A: Bueno, **ya no te entretengo más.**
B: ¡Qué va! Pues ya nos vemos.

   A: じゃあ、引きとめて悪かったね。
   *B: とんでもない！ じゃ、またね。

★立ち話を切り上げるときなどに便利な表現。entretengo は entretener (気を散らす；英語の entertain の語源と関連) という動詞の現在形。文全体では「もうこれ以上、私は君の邪魔をしない」という意味になる。

★手紙やEメールの文章がつい長くなってしまったときも、こうひとこと断ってから結びのあいさつに進むとスムーズな感じがする。

83 No tenías que haberte molestado.
[ノ・テニアス・ケ・アベールテ・モレスタド]

▶ わざわざすみません。

A : ¡Hola, bienvenida!
B : ¿Tú por aquí? **No tenías que haberte molestado** en venir a buscarme.

　A : やあ、ようこそ！
　*B : 来てくれたの？　わざわざ迎えに来てもらってすみません。

★No tenías que haberte molestado. は文法的には難しい形をしているが、覚えておく価値がある。tener que (…しなければならない) の線過去形と molestarse (わざわざ…する：⇒ 222) の完了形のセットで、「君はわざわざ…する必要はなかった」という意味を表す。

★これは相手をとがめているのではなく、「普通だったらしなくてもいいことを、してくれてありがたい」という感謝の気持ちを表す文。相手の厚意に、このフレーズでさっと対応できれば、会話の達人だ。

84 Me defiendo un poco en español.
[メ・デフィエンド・ウン・ポコ・エン・エスパニョル]

▶ 私はスペイン語が少し話せます。

A : **Me defiendo un poco en español.**
B : ¿Un poco? ¡Pero si lo dominas fenomenal!

　*A : 私、少しだけどスペイン語が話せるの。
　B : 少しだって？　ぺらぺらのくせに！

★「言葉が話せる、話せない」の話題に defender (防衛する) という動詞が使えるとは、なかなか思いつかない。Me defiendo un poco en español. は「私はスペイン語で私自身を少し防衛する」、つまり「私はスペイン語で言いたいことが少し言える」という意味なのだ。

★また、lo dominas fenomenal は「君はそれ〈スペイン語〉をすばらしくマスターしている」という、最高のほめ言葉。こう言われるようにがんばろう。

★Pero si... については、⇒ 135 。

CAPÍTULO 2

喜怒哀楽 フレーズ

「うれしい！」「びっくり！」「残念…」など、
自分の感情を素直に言葉に表してみよう。
不満や愚痴も、ときには思い切って
口にして、ストレス発散！

85 ¡Hombre!
[オンブレ]
▶ あれっ！

A: ¡Hola, Pedro!
B: ¡**Hombre**, Laura! ¿Tú por aquí?

　*A：ペドロ、こんにちは！
　　B：あれっ、ラウラじゃないか！ こんなところで会うなんて！

★hombre は「男性」という意味の名詞だが、驚いて「あれっ！」「おやおや！」「まさか！」と言うような場合にも使える。相手が女性であっても構わない。ここではラウラという女性に向かって、この言葉が使われている。

★mujer（女性）という語も ¡Mujer! と間投詞的に使えるが、相手は女性に限る。「でも、君…」のような呼びかけのニュアンスが強い。

86 ¡Viva!
[ビバ]
▶ ばんざい！

A: ¡Viva! ¡He sacado un diez!
B: Y yo un cinco. Esto no es justo.

　*A：ばんざーい！ 10点満点をとったよ！
　　B：ぼくは5点だ。こんなのってないよ。

★¡Viva! は、とても簡単で使いやすい。日本語の中に根付いていると言っていいかもしれない。これは vivir（生きる）という動詞の接続法現在形で、もともと「（長く）生きますように！」という願いを表す言葉だった。日本語の「万歳 ← 10,000歳まで長生きしますように！」と同じ発想だ。

★なお、スペインの小学校などのテストは10点満点が普通。Aさんの半分の点数しか取れなかったB君は Esto no es justo.（これは公平ではない）と言っている。これはぼやくときの決まり文句として覚えよう。

★he sacado は sacar（取る、得る）の現在完了形。

87 Fatal.
[ファタル]
▶ 最悪。

A: ¿Cómo te va con Rogelio estos días?
B: Fatal.

　A: 最近、ロヘリオとうまくいってる？
*B: もう最悪！

★「もう最悪！」「全然だめだ！」というネガティブな気持ちは、Fatal. のひとことで表せる。元来は「宿命的な、致命的な」のような重い意味を表す言葉だったが、日常会話では、そんなに深刻な事態でなくても使える。

★fatal は un carácter fatal（どうしようもない性格）、Bailo fatal.（私は踊りが下手だ）のように、いろいろな語と組み合わせて使うこともできる。でも乱発すると、暗いオーラが染みついてしまうかも。ほどほどに！

88 ¡Encima!
[エンシマ]
▶ 調子に乗らないで！

A: He cogido prestado tu boli, pero no escribe bien.
B: ¡Encima!

　A: 君のボールペン借りたよ。でも、これ、書き味悪いね。
*B: 調子に乗らないで！

★encima は「上に」という意味だが、単独で使うと「その上…だなんて！」「まだ足りないのか！」という感嘆文になる。ここでは ¡Encima de que has cogido prestado mi boli, me protestas!（君は私のボールペンを借りた上に、文句を言うなんて、調子に乗るのもいいかげんにしろ！）という気持ちが encima の 1 語に込められている。

★¡Encima! が表わすのはネガティブな「その上」だけではない。重ね重ねの親切に対して「その上、こんなにしていただいて！」という感謝の気持ちを伝えることもできる。

★he cogido は coger（取る）の現在完了形、prestado は prestar（貸す）の過去分詞。合わせて「貸されたものとして取った」、つまり「借りた」の意。

CAPÍTULO 2

89 ¡Imposible!
[インポシブレ]
▶ ありえないよ！

A: Parece que el ladrón entró por esta ventana.
B: **¡Imposible!** Habría sonado la alarma.

*A: 泥棒はこの窓から入ったみたいだよ。
 B: ありえないよ！ 防犯ベルが鳴ったはずだ。

★imposible（不可能な）は、単独で文として使える。「そんなこと、あるはずがない！」「無理だよ！」、つまり ¡No puede ser! (⇒ 162) と同じようなニュアンスだが、¡Imposible! のほうがインパクトが強い。

★無理な用事を頼まれたときは、¡Misión imposible!（不可能な使命だ！）と言って断ることもできる。ご存じアメリカのテレビドラマ＆映画の題名だ。

★entró は entrar（入る）の点過去形、habría sonado は sonar（鳴る）の過去未来完了形。

90 ¡Vaya!
[バヤ]
▶ まったく！

A: No estamos de acuerdo contigo.
B: **¡Vaya!** Todos contra mí, ¿eh?

*A: 私たちは、あなたの考えには賛成できません。
 B: まったく！ みんなぼくに反対か。

★¡Vaya! は、そもそも ir（行く）という動詞の接続法現在形だが、間投詞として、いろいろな状況で使うことができる（⇒ 113）。上の会話では、驚きと「ちょっと困った」という感じを出している。

★¡Vaya! ¡Qué alegría!（ああ、うれしい！）のような喜びも、¡Vaya un genio!（何が天才なものか！）のような不快感も表せる。¡Vaya, vaya, vaya!（まったく何とも！）と感心したくなる、あっぱれなフレーズだ。

91 ¡Pobre!
[ポブレ]
▶ かわいそうに！

A: ¡Ay, cómo me duele la muela!
B: ¡Pobre! Tienes que ir al dentista.

*A: ああ、歯が痛い！
B: かわいそうに！ 歯医者に行かなくちゃ。

★「それは大変ですね」「お気の毒に」と、同情の意を表すには ¡Pobre! (かわいそうな！)のひとことで OK。子どもに対しては、縮小辞 -ito, -illo を付けて ¡Pobrecito! (かわいそうな坊や！), ¡Pobrecilla! (かわいそうなお嬢ちゃん！) のように言うことも多い。

★¡Pobre Miguel! (かわいそうなミゲル！) のようなパターンもよく使う。

92 ¡Qué va!
[ケ・バ]
▶ とんでもない！

A: No puedo creerlo. Quizá te han engañado.
B: ¡Qué va!

*A: 信じられない。だまされたんじゃないの？
B: とんでもない！

★相手が「あなたの話なんか信じられない」と言ってきたとき、「とんでもない。何てことを言うんだ！」と言い返すには、¡Qué va! のひとことが効果的。

★va は ir (行く；〈事態が〉運ぶ) の現在形。全体では「何が順調に進むものか！」のようなニュアンス。かなり強く響くので、空気を読んで使おう。

★han engañado は engañar (だます) の現在完了形。

93 ¡Qué sorpresa!
[ケ・ソルプレサ]
▶ びっくりした！

A: ¡Hola, Carmen!
B: ¡Si eres José! ¡Qué sorpresa!

A: やあ、カルメン！
*B: ホセじゃないの！ びっくりした！

★私たちは驚いたとき、「わあっ！」「きゃっ！」のように意味のない叫び声を上げるのが普通だが、スペイン語では ¡Qué sorpresa! (何という驚き！) と表現する。何という理知的なシャウトだろう！

★これは、誰かに出会ってうれしい、といったポジティブな驚きに使う。「ひやっとする」「ぞっとする」のような驚きは、¡Qué susto! と使い分ける。

CAPÍTULO 2

94 ¡Qué alegría!
[ケ・アレグリア]
▶ うれしい！

A: Sí, ¿dígame?
B: ¡Hola, abuelita! Soy yo.
A: ¡Benito! **¡Qué alegría** oírte!

> *A： はい、もしもし。
> B： やあ、おばあちゃん！ おれ、おれ。
> *A： ベニート！ 声が聞けてうれしいよ。

★うれしい気持ちは ¡Qué alegría!（何という喜び！）という実にあっけらかんとしたラテン的な表現で表せる。ここでは、直後に oírte（君の声を聞くこと）という語句をプラスしている。この方法で、何がうれしいのかまで表現できる。

★それにしても、上の会話のおばあさん、電話の相手は「おれ、おれ」としか言ってないのに、お孫さんだと決めつけて大丈夫？

95 ¡Qué suerte!
[ケ・スエルテ]
▶ ラッキー！

A: Todavía hay dos plazas vacantes.
B: **¡Qué suerte!** Vamos a comprarlas ahora mismo.

> A： まだ空席が2つあるよ。
> *B： ラッキー！ 今すぐ買いましょう。

★suerte は「運、運命」だが、そのままで「幸運」の意味としても使える。だから「運が良かった！」は ¡Qué suerte! というシンプルな表現で OK。

★逆に「ついてない」ときは malo（悪い）の女性形 mala を付けて、¡Qué mala suerte!（運が悪いなあ！）となる。なるべく使わずに済ませたい表現だ。

★なお、plaza は、ここでは「広場」ではなく、劇場や乗り物の「座席」の意味で使われている。

96 ¿Mentiroso yo?
[メンティロソ・ヨ]
▶ 私がうそつきだって？

A : ¡Basta! ¡Eres un mentiroso increíble!
B : **¿Mentiroso yo?**

*A：もうたくさん！ あなたは信じられないほどうそつきだね！
　B：ぼくがうそつきだって？

★相手の言った言葉を聞きとがめて繰り返すときは、要点だけ言えばいい。上の例では、相手の言葉の中から mentiroso（うそつき）だけを取り出して、それに yo をプラスしている。舌足らずに見えるが、これで立派な文として通用する。女性なら ¿Mentirosa yo? と「うそつき」を女性形にする。

★動詞を使う場合は、不定詞のままにする。例：¿Beber yo?（私が酒飲みだって？）。また、主語は後ろに置くことが多いが、前に出しても構わない。例：¿Yo guapa?（私が美人ですって？）。

97 ¡Qué barbaridad!
[ケ・バルバリダー]
▶ あんまりだ！

Hijo : ¡Ñam ñam! ¡Qué rico está este pastel!
Madre : **¡Qué barbaridad!** No te lo comas tú solo.

　子：ムシャムシャ！ このケーキ、おいしいね！
*母：まあ、あんまりだわ！ 1人で全部食べちゃいけません。

★barbaridad は「野蛮なこと；ルール違反」を表す。「ひどい、あんまりだ！」「そんな無茶な！」と思ったら、¡Qué barbaridad! と叫んでみよう。発音がおもしろいので、癖になるかもしれない。

★なお barbaridad の形容詞 bárbaro（野蛮な）は、話し言葉では He comprado un coche bárbaro.（すごくかっこいい車を買ったんだ。）のように、逆に良い意味でも使われる。日本語の「ヤバイ」と似た現象だ。

★comas は comer（食べる）の接続法現在形の命令の用法。te が付いて「食べつくす」という強調のニュアンスが出ている。

98 ¡Qué raro!
[ケ・ラロ]
▶ **おかしいなあ。**

A: La estoy llamando, pero no contesta.
B: **¡Qué raro!** ¿Ya se ha acostado quizá?

> **A**: 彼女に電話してるんだけど、出ないんだ。
> *****B**: おかしいねえ。もう寝ちゃったのかな。

★「おかしいなあ」「変だなあ」「そんなはずはないんだけど」──この気持ちはスペイン語では、¡Qué raro! (なんて奇妙な！) というごく短いフレーズで表せる。

★raro の語頭の r の巻き舌が苦手な人は ¡Qué extraño! という類似表現を使ってみよう。

★se ha acostado は再帰動詞 acostarse (寝る) の現在完了形。

99 ¡Venga ya!
[ベンガ・ヤ]
▶ **いいかげんにして！**

A: Tranquila. No es más que un pequeño error.
B: ¿Un pequeño error, dices? **¡Venga ya!**

> **A**: まあ落ちつけよ。ちょっとしたミスだよ。
> *****B**: ちょっとしたミスですって？ いいかげんにして！

★venir (来る) の接続法現在形 venga は、もとの意味から離れてかけ声や合いの手として使うことができる (⇒ 206)。その後に ya (もう、すでに) を加えて ¡Venga ya! とすると「調子に乗るな、いいかげんにしろ！」という意味になる。

★この表現は、tú に対しても、usted に対しても、形を変えずにそのまま使える。

100 ¡Qué risa!
[ケ・リサ]
▶ **笑える！**

A: ¿Fue usted el que inventó esta máquina?
B: ¡Ja, ja, ja! **¡Qué risa!**

> *****A**: この機械を発明したのは、あなたですか？
> **B**: ハハハ、それって笑えますね。

★日本語では「リサ」は女性の名前だが、スペイン語の risa は「笑い」という意味。¡Qué risa! (何という笑い！) は、笑いながら「ああ、おもしろい！」と言いたいときや、皮肉っぽく「笑えるね」と言うときにも使う。

★fue は ser の点過去形、inventó は inventar (発明する) の点過去形。

101 ¡Dios mío!
[ディオス・ミオ]
▶ あきれた！

Dependiente: Son cuatro setenta y cinco.
Clienta: ¡Dios mío! ¡Cada vez más caro!

店員：4 ユーロ 75 セントです。
*客：あきれた！　どんどん値上がりするんですね。

★びっくりしたときに思わず口をついて出る ¡Dios mío!、これは英語の My God! と同じく「わが神よ！」という意味。スペイン語の Dios（神）は、これだけでなく Adiós.（さようなら ← 神の元へ）のように、毎日の会話の中に生きている。

★上のように、貨幣単位の euros（ユーロ）、céntimos（セント）は、よく省略される。そのつもりでいないと、聞きとりにくいかもしれない。

102 ¡Basta ya!
[バスタ・ヤ]
▶ もうたくさん！

Hija: En mi cumpleaños quiero una bici y una muñeca y un videojuego y...
Padre: ¡Basta ya, hija!

*娘：お誕生日にほしいのは、自転車とお人形とテレビゲームと…。
父：おいおい、いいかげんにしろ！

★「もうたくさん！」「もううんざり！」という気持ちをストレートに表すには ¡Basta ya! がぴったり。basta は bastar（十分である）という動詞の現在形。¡Basta! だけでも「たくさんだ！」の意味になるが、これに ya（もう）を付けると、イライラ感が明確に伝わる。

★bici は bicicleta（自転車）の短縮形。motocicleta（バイク）も同じように縮めて moto という形で使う。

103 Ni hablar.
[ニ・アブラール]
▶ 話にならない。

Hijo : Mamá, ¿puedo ir a la piscina mañana?
Madre : ¡**Ni hablar**! Recuerda que estás castigado sin salir.

息子：ママ、明日プールに行ってもいい？
*母：とんでもない！ あなたは外出禁止のおしおき中なのよ。

★ ni（…もない、…さえない）という短い言葉と hablar（話す）をセットにして Ni hablar. とすると、化学変化が起きて「話にならない」「言うも愚かだ」「論外だ」という意味が生まれる。「その件について話すことすら、意味がない」のような文をはしょった文だ。相手の訴えをぴしゃりとはねつける威力を持っている。

★ recuerda は recordar（思い出す）の命令法、castigado は castigar（罰する、おしおきする）の過去分詞。

104 ¡Qué detalle!
[ケ・デタリェ]
▶ 優しいね！

A : Mi amor, aquí te traigo un regalito.
B : ¡Ay, **qué detalle**! Muchas gracias.

A：愛しい君、はい、ささやかなプレゼント。
*B：ああ、すてきな心遣いね！ 本当にありがとう。

★ detalle（細部）は英語の detail に当たる言葉だが、意外にも実用会話で重宝する。それは、この言葉に「細やかな心遣い、ちょっとしたことにも気のつく思いやり」という意味もあるからだ。

★ プレゼントをもらったり、親切にしてもらったりしたとき、Gracias.（ありがとう）だけでは物足りない。¡Qué detalle!（なんて細やかな心配り！）というフレーズを添えれば、互いの好感度は相乗効果で急上昇。ぜひこれを使って、感激を表現しよう。

105 ¡Qué escándalo!
[ケ・エスカンダロ]
▶ 許せない！

A : Dicen que van a subir los impuestos.
B : **¡Qué escándalo!**

　　A : 税金が上がるんだって。
　*B : 許せない！

★escándaloという言葉は「スキャンダル、醜聞」だけでなく、目にあまるひどい事態なら、何でも表せる。「それはひどい！」「あんまりだ！」「許せない！」と憤慨したいとき、¡Qué escándalo!（何というひどい出来事だ！）と叫ぼう。

★これを少し長くした ¿Qué escándalo es este? という文は、「この騒ぎは何事だ？」と、けんかや大騒ぎの現場に割って入るときに使う、腕に覚えがある人向きのフレーズ。

★subirは「上げる」、impuestoは「税金」の意。

106 ¡Qué lástima!
[ケ・ラスティマ]
▶ 残念！

A : Hasta otro día, Paco.
B : ¿Ya te vas? **¡Qué lástima!**

　*A : パコ、またね。
　　B : もう帰るの？　残念だなあ。

★「残念！」は「何という残念さ！」という形で表す。¡Qué lástima que ya te vayas!（君がもう帰るとは残念だ！）のように、後に文を続けてもOK。

★lástimaの代わりにpena（悲しみ）という言葉を使って ¡Qué pena! と言っても、同じような意味になる。特に若い人がこの表現を使う。

★te vasは再帰動詞irse（行く、去る）の現在形。

CAPÍTULO 2

107 ¡Y dale!
[イ・ダレ]
▶ またその話？

A: Cuando yo era joven, era tan guapa que…
B: ¡Y dale!

＊A：私は若いころ、大変な美人だったので…。
　B：またその話？

★¡Y dale! を直訳すると「そして、彼［彼女］に与えなさい！」。「その話には、もううんざりだ！」「しつこいなあ。もう聞き飽きた！」という意味なので、会話の相手にこう言われたら、危険信号かも。

★¡Dale que dale! のように重ねて使うこともある。

108 ¡Eso es demasiado!
[エソ・エス・デマシアド]
▶ それはあんまりだよ！

A: Le prohíbo beber y fumar.
B: ¡Pero doctora, **eso es demasiado**!

＊A：お酒もたばこも禁止です。
　B：でも先生、それはあんまりです！

★eso（それ）を esto（これ）に代えた ¡Esto es demasiado! もよく使う。いっそう自分にかかわる切実な感じが出る。

109 No seas pesado.
[ノ・セアス・ペサド]
▶ しつこいなあ。

A: ¡No y no y no! ¿Me oyes?
B: Vamos, **no seas pesado.**

　A：だめと言ったらだめだ！ 分かったか？
＊B：ああ、しつこいなあ。

★pesado（重い）は、人間の行動が「くどい、しつこい、スマートでない」ことも表せる。No seas pesado. は「しつこくするのをやめてくれ」という意味だ。「体重を下げろ」と、無理な注文をしているわけではない。

★相手が女性の場合は pesada と女性形にする。また、usted に対しては No sea pesado [pesada]. となる。

110 ¡No me digas!
[ノ・メ・ディガス]
▶ 何だって？

A: He tenido otro accidente de tráfico.
B: ¡No me digas!

　A: また交通事故を起こしちゃった。
　*B: 何ですって？

★¡No me digas! は、信じられない、聞きたくないようなことを聞かされたときの驚きを表す。digas は decir（言う）の接続法現在形で、ここでは命令を表している。「私にそれを言わないで！」と直訳できるが、額面どおりに受け取る必要はない。

★これは tú に対する言葉づかい。usted に対しては ¡No me diga! となる。

111 No puedo más.
[ノ・プエド・マス]
▶ 我慢できない。

A: ¡No puedo más! Voy a decírselo al jefe.
B: Venga, no seas chivata.

　*A: もう我慢できない！ 課長に言ってくる。
　B: おいおい、言いつけるのはよせよ。

★「我慢できない！」と叫びたければ、「我慢する」なんて難しい単語は知らなくても、我慢する必要はない。No puedo más. ——「私はもうできない」、これでちゃんと、あなたの堪忍袋の緒が切れたことは分かってもらえる。puedo は poder（…できる）の現在形。

★なお、chivata は chivato（告げ口をする人、密告者）の女性形、decírselo は "decir（言う）+ se（← le〈彼に〉）+ lo（それを）" の3語をつないで表した形。venga については、⇒ 206。

CAPÍTULO 2　49

112 Ya era hora.
[ヤ・エラ・オラ]

▶ ずいぶん待たされた。

A: ¡Viva! ¡Por fin ha ganado nuestro equipo!
B: ¡Ya era hora!

　A: ばんざい！ やっとぼくたちのチームが勝ったぞ！
＊B: ずいぶん待たされたけどね。

★Ya era hora. は「もう時間だった」と直訳できる。era は ser の線過去形。これでは何のことか分からないが、「もう…しても良さそうな時間だった」と言葉を補えば、「…までずいぶん待たされたけど、やっと実現した」という意味が見えてくる。

★この例は「そろそろ勝っても良さそうな時期だった」というケース。ほかに「ようやくプロポーズ？」と喜んだり、「今ごろ来たの？」とあきれたり、いろいろな状況で Ya era hora. が使える。

★ha ganado は ganar（勝つ）の現在完了形。

113 ¡Vaya un carácter!
[バヤ・ウン・カラクテル]

▶ 性格悪いね！

A: Es que me encanta molestar a mi novio.
B: ¡Vaya un carácter!

＊A: 私、恋人を困らせるのが好きなの。
　B: 君、性格悪いね！

★「へそ曲がり」「あまのじゃく」「ひねくれた性格」——これは ¡Vaya un carácter! という簡単な文で表現できる。vaya は ir（行く）の接続法現在形だが、「まったく」「なんとまあ」のような意味でも使われる（⇒ 90）。carácter は英語の character と同じく「性格」のこと。合わせて「なんて性格だ！」となる。

★このパターンは、¡Vaya una ocurrencia!（あきれた思いつきだね！）、¡Vaya día!（今日はなんて日だろう！）のように、いろいろ応用がきく。

114 Es muy divertido.

[エス・ムイ・ディベルティド]

▶ すごくおもしろい。

A: ¿Te gusta este culebrón?
B: Sí, es muy divertido.

　　A: このテレビドラマ、好き？
　*B: うん、すごくおもしろいよ。

★「おもしろい」というと、私たちは interesante (英語の interesting に相当) という語を思い浮かべるが、これは「興味深い」という知的なおもしろさを指す。「楽しい」「愉快だ」という意味なら divertido がぴったり。⇒ 122 も参照。

★Es muy divertido. (それはすごくおもしろい) という文は、主語が男性名詞の場合だ。主語が女性名詞だと divertida と形が変わる。例: Esta novela es muy divertida. (この小説はとてもおもしろい)。

★culebrón は「大蛇」、転じて「(大蛇のように長い) 長編テレビドラマ」の意。ラテンアメリカで制作されたものが多い。

115 ¡Qué mala pata!

[ケ・マラ・パタ]

▶ ついてないなあ！

A: ¡Qué mala pata!
B: Ahora que vamos a salir, empieza a llover.

　　A: ついてないなあ！
　*B: 出かけようと思ったら、雨が降り出すなんてね。

★¡Qué mala pata! を直訳すると、「何という悪い獣の足だ！」となる。昔、スペインでは、ウサギなどの小動物の pata (足) には魔除けの効力が宿るとされ、amuleto (お守り) に使われていた。そのお守りが malo (粗悪な、効き目がない) だとなると、さあ大変。「効き目のないお守り」を持っていては、ろくなことが起きない、というわけだ。

★¡Qué mala pata tenemos! (私たちはついてないね！) のように、tener (持つ) を補って言うこともできる。

116 ¡Tienes mucha cara!
[ティエネス・ムチャ・カラ]
▶ ずうずうしい！

A : ¿Me dejas un poquito de dinero?
B : ¿Otra vez? ¡Tienes mucha cara!

　A：ちょっとお金貸してくれる？
　*B：また？　ずうずうしい！

★「ずうずうしい」ことを日本語で「面（つら）の皮が厚い」と言うが、スペイン語にも、それと似た表現がある。¡Tienes mucha cara! は「君は大いなる顔を持つ」、つまり「厚かましい」ということだ。単に ¡Qué cara! (ずうずうしい！) と言うこともできる。

★イラストのように、頬を軽くたたくジェスチャーがセットになっている。時には、このジェスチャーだけで「察してほしい」という場合もあるので、そこは空気を読もう。

117 ¿Cómo que qué?
[コモ・ケ・ケ]
▶ 何だとは何だ？

Hijo : ¿Qué?
Madre : ¿**Cómo que qué?** Si te estoy llamando mil veces. ¡A comer!

　子：何？
　*母：何とは何よ？　何度も呼んでるのに。ごはんよ！

★何の用か分かっているはずの相手が、¿Qué? (何だ？) と言ってくる。これは聞き捨てならない。「何だとは何だ？」と言い返したくなる。これは ¿Cómo que qué? (qué〈何〉とは、どういうことだ？) と表現する。

★cómo que の後に相手の言葉を繰り返せば、ほかにもいろいろな言い方ができる。ただし、No tengo hambre. (ぼく、おなかが空いてない) に対して、¿Cómo que no tienes hambre? (おなかが空いてないとは、どういうこと？) のように、動詞の形の調整 (tengo → tienes) が必要な場合もある。

118 Estoy hecho polvo.
[エストイ・エチョ・ポルボ]

▶ もうくたくた。

A : ¿Has terminado el trabajo?
B : Por fin. ¡Ay, **estoy hecha polvo**!

　A : 仕事終わった？
*B : やっとね。ああ、もうくたくた！

★「私は疲れている」を Estoy cansado.（女性の場合は Estoy cansada.）と表現することを知っている方は、次は上級フレーズ Estoy hecho polvo. を覚えよう。女性の場合は Estoy hecha polvo. となる。

★ hecho は hacer（する、作る）の過去分詞、polvo は「ほこり」。合わせて「私はほこりになった」。「真っ白い灰になって燃え尽きた」というレベルまではいかないが、身も心もボロボロになったという実感のこもった表現だ。

119 ¡Qué fastidioso eres!
[ケ・ファスティディオソ・エレス]

▶ なんていやな奴だ！

A : ¿Quieres que te deje mi cámara? De ninguna manera.
B : **¡Qué fastidioso eres!**

　A : ぼくのカメラを貸してほしいって？　絶対にだめ。
*B : なんていやな人なの！

★ fastidioso（いやな）という言葉は、響きからして不快な感じが出ている。いやな人には ¡Qué fastidioso [女性形 fastidiosa] eres! というフレーズを浴びせることができる。

★ ドアにぶつかったら、¡Qué fastidiosa puerta!（なんていまいましいドアだ！）と、ドアに八つ当たりすることも可能だ。でも濫用すると、あなた自身が「いやな人」になるので、ストレス発散は節度をもってやろう。

CAPÍTULO 2

120 ¡Hay que ver!
[アイ・ケ・ベール]
▶ まったくもう！

A : ¡Qué cara está la vida!
B : **¡Hay que ver!**

　A : 何でも、本当に高いねえ！
＊B : まったくもう！

★¡Hay que ver! を直訳すると「見なければならない」。これだけでは見当もつかないが、前に「これを信じるには、自分の目で」と補ってみると意味が分かる。つまり「まったくもう、びっくりした！」という驚きを表す決まり文句なのだ。まったくもう、意表をついたフレーズだ。

★vida は、「生活」から転じて「生活費、物価」の意味を表す。

121 Me haces daño.
[メ・アセス・ダニョ]
▶ 痛いなあ。

Cliente : ¡Ay, ay, **me haces daño**!
Peluquera : No te muevas, o te voy a cortar la oreja.

　客 : いたた、痛いなあ！
＊理容師 : 動かないで。耳を切ってしまいますよ。

★誰かに髪の毛を引っ張られたり、つねられたりすると、私たちは「痛い！」と言う。こういうとき、スペイン語では Me haces daño. (君は私に害を行なっている) と言う (⇒ 78)。苦痛に顔をゆがめながらも、随分クールで、まるで解説者のような状況分析をするわけだ。

★とっさにこんな言葉が出ないときは、とりあえず ¡Ay, ay! とだけ叫ぼう。

122 No tiene ninguna gracia.

[ノ・ティエネ・ニングナ・グラシア]

▶ ちっともおもしろくない。

A: ¿Te ha gustado mi chiste?
B: Perdón, pero **no tiene ninguna gracia.**

　　A: ぼくのジョーク、気に入ってくれた？
　*B: 悪いけど、全然おもしろくなかった。

★gracia は「恵み」のほかに「おもしろ味、ユーモア」という意味がある。だから、ジョークがつまらなかったら、No tiene ninguna gracia. (それはまったくおもしろ味がない) とコメントをすればいい。人を主語にして、No tienes ninguna gracia. (あなたってユーモアのセンスゼロだね) とも言える。

★逆に、いいジョークだと思ったときは、Tiene mucha gracia. (とてもおもしろい) と肯定文でコメントしよう。

★「おもしろい」については、⇒ 114。

123 ¿Qué vamos a hacer?

[ケ・バモス・ア・アセール]

▶ どうしよう？

A: Ay, **¿qué vamos a hacer?**
B: Portarnos con normalidad.

　　A: ああ、どうしよう？
　*B: いつもどおりにしていようよ。

★ピンチに陥ってしまった。思わず「ああ、どうしよう？」と叫ぶ。こんな状況でもスペイン語で ¿Qué vamos a hacer? と言ってみたいものだ。このフレーズは、「私たちは何をしようか？」という意味。1人ぼっちのときは、yo を主語にして、¿Qué voy a hacer? という形も使える。

★portarnos は「私たちはふるまう」の不定詞の形、con normalidad は「普通に」。その前に vamos a (…しよう) という句が省略されている。

124 Estás de mal humor.
[エスタス・デ・マル・ウモール]
▶ 機嫌が悪いね。

A : ¿Pero qué te pasa? **Estás de** muy **mal humor** hoy.
B : ¿No lo ves? Es culpa tuya.

　A : でもどうしたの？　今日はすごく機嫌が悪いね。
＊B : 分からないの？　あなたのせいなんだけど。

★humor は「ユーモア」の意味でも使うが、元来は、昔の医学で「体液」を指し、そこから「気質、気分、機嫌」を表すようになった言葉だ。「機嫌が悪い」ときは mal humor,「機嫌がいい」ときは buen humor となる。

125 Eso debería decirlo yo.
[エソ・デベリア・デシールロ・ヨ]
▶ それはこっちのせりふだ。

A : ¡Ay, qué aburrido estar contigo!
B : **Eso debería decirlo yo.**

　A : ああ、君といると退屈だなあ！
＊B : それはこっちのせりふなんだけど。

★相手が自分のことを棚に上げて、あなたを非難したとき、Eso debería decirlo yo. と言い返そう。eso（それ）と lo（それ）は同じ内容を繰り返して指している。debería は deber（…しなければならない）の過去未来形。全体で「私がそれを言わなければならなかった」となる。

★主語の yo が文の最後に来る。この部分を強めに発音しよう。

126 Casi no te reconozco.
[カシ・ノ・テ・レコノスコ]
▶ 見違えたよ。

A : ¡Hola, Begoña!
B : ¡Si eres Alberto! **Casi no te reconozco.**

　A : やあ、ベゴーニャ！
＊B : アルベルトじゃない！　見違えちゃった。

★相手の様子が以前と変わっていて、誰だか分からなかったとき、驚きを表す決めぜりふ。reconocer（認識する）という動詞を使って、「私は君をほとんど認識しない」という形で表すのがポイント。

★¡Si eres Alberto! は、文の初めに si（もし）を入れるだけで「アルベルトじゃないの！」という意外な感じが出ていることもチェックしよう。

127 Lo malo es que...
[ロ・マロ・エス・ケ]
▶ 困ったことに…。

A : ¿Así que era una broma lo que has dicho?
B : Sí. **Lo malo es que** todos lo toman en serio.

    A : じゃあ、君が言ったことは冗談だったの？
   *B : そう。困ったことに、みんなあれを本気にしてるの。

★「困ったことに…」と前置きをすると、聞き手は「ああ、あまりいい話ではないんだな」という予測が立つ。Lo malo es que... というパターンを利用してコミュニケーションの効率を上げよう。lo は中性の定冠詞、malo は「悪い」。合わせて「悪いこと」という意味になる。

★「うれしいことに…」と言いたいときは malo の代わりに bueno（良い）を使えばいい。例: Lo bueno es que tengo muchos amigos.（ありがたいことに、私には友人がたくさんいる）。

128 Me vas a oír.
[メ・バス・ア・オイール]
▶ 私も黙ってはいないよ。

A : Como vuelvas a hacerlo, **me vas a oír.**
B : Perdón, papá. No lo haré nunca.

    A : 今度やったら、わしも黙っていないぞ。
   *B : パパ、ごめんなさい。もうしません。

★Me vas a oír. は、直訳すると「君は私を聞くだろう」という意味。もしこう言われたら、ポカンとしていてはいけない。相手はひどく腹を立てているのだ。つまり「君は私の説教をたっぷり聞かされることになるぞ」「私もいつまでもおとなしく黙ってはいないぞ」という意味だ。

★文頭の como は、ここでは「もし…なら」という意味。この場合、後に続く動詞は vuelvas（→ volver〈再び…する〉）のように、接続法になる。

★haré は hacer（する）の未来形。

129 Como si tal cosa.
[コモ・シ・タル・コサ]
▶ 平気な顔して。

A : ¿Paco presentó a su exnovia a Isabel?
B : Sí. **Como si tal cosa.**

 A：パコがイサベルに元カノを引き合わせたって？
 *B：うん。どうってことないだろって顔で。

★como si は、英語の as if に当たる句で、「まるで…かのように」という意味を表す。そこに tal cosa (そのようなこと) をプラスして、Como si tal cosa. とすれば、「まるでそのようなこと (は何でもないか) のように」、つまり「当たり前のように」「平然と」という意味になる。

★como si の後には、本来、文が続き、動詞は接続法過去形になるのだが、このフレーズはこの変型。como si nada (何でもないかのように) のような同類の表現もある。

★presentó は presentar (紹介する) の点過去形。

130 Por nada se enfada.
[ポル・ナダ・セ・エンファダ]
▶ ちょっとしたことで怒る。

A : Voy a preguntárselo al nuevo jefe.
B : Cuidado. **Por nada se enfada.**

 *A：これ、今度来た課長に聞いてみる。
 B：気をつけて。あの人、ちょっとしたことで怒るから。

★スペイン語では "no ... nada" (ちっとも…ない) のように打ち消しの言葉を重ねて使うのが原則だが、会話では例外もある。por nada は「何でもないことで」という意味で、Por nada se enfada. または Se enfada por nada. (彼はちょっとしたことで怒る) のように、単独で使える。se enfada は再帰動詞 enfadarse (怒る) の現在形。

★なお、preguntárselo は "preguntar (尋ねる) + se (← le〈彼に〉) + lo (そのことを)" の３語をつないで表した形。

131 ¿Qué te trae por aquí?
[ケ・テ・トラエ・ポル・アキ]
▶ どうしてここに来たの？

A: Diego, ¿**qué te trae por aquí**?
B: ¡Vengo a verte, hombre!

*A：ディエゴじゃない。どうしてここに来たの？
B：君に会いに来たんじゃないか！

★¿Qué te trae por aquí? (何が君をこのあたりに連れてきたの？) というフレーズは、とてもよく使う。trae は traer (連れてくる、持ってくる) という動詞の現在形。「君がここに来た原因」を主語にする発想がスペイン語っぽい。

★hombre は、ここでは驚きや、あきれた気持ちを表している (⇒ 85)。

132 ¿Quién te crees que eres?
[キエン・テ・クレエス・ケ・エレス]
▶ 何さまのつもり？

A: Ven a buscarme a la estación porque está lloviendo.
B: ¿Pero **quién te crees que eres**?

*A：雨が降ってるから、駅に迎えに来て。
B：いったい何さまのつもり？

★「何さまのつもり？」は ¿Quién te crees que eres? と表現する。「君は君自身を何だと思っているのか？」という意味。ずうずうしい相手は、このひとことで撃破しよう。

★buscar は、ここでは「探す」ではなく「迎えに行く」という意味で使われている (⇒ 24)。

133 Me va a dar algo.
[メ・バ・ア・ダール・アルゴ]
▶ 気がどうにかなりそう。

A : Todo ha sido mentira. ¿Te enteras?
B : No me digas. **Me va a dar algo.**

 A : 全部うそだったんだよ。分かる？
 *****B** : やめて。気がどうにかなりそう。

★Me va a dar algo. は「(それは) 私に何かを与えるだろう」と直訳できるが、それでは上の会話は理解不能だ。ここでは algo は「何か変な気分」、dar は「生じる」という意味で、全体としては「私は何か変な気分が起こりそうだ」ということになる。

★相手の話が「信じられない！」「ムカつく！」というときだけでなく、食べ過ぎて「気分が悪い！」のような状況でも使える。

★ha sido は ser の現在完了形、mentira は「うそ」。No me digas. については、⇒ 110。

134 Me ha echado la bronca.
[メ・ア・エチャド・ラ・ブロンカ]
▶ 叱られちゃった。

A : ¿Estás llorando, Paloma?
B : Es que el dueño **me ha echado la bronca.**

 A : パロマ、泣いているの？
 *****B** : オーナーに叱られちゃったの。

★「叱る」は echar la bronca, つまり「叱責を投げる」と表現する。怒りが物質化されているようで、迫力がある。ここでは me ha echado (彼が私に投げた) という現在完了の形になっている。

★日本語では「叱られちゃった」と、受身の形で表すが、スペイン語では「彼が私を叱った」という能動文にするほうが自然。

135 ¡Pero si lo acabamos de comprar!

[ペロ・シ・ロ・アカバモス・デ・コンプラール]

▶ 買ったばかりなのに！

A : ¿Ves? Este ordenador no funciona bien.
B : ¡Pero si lo acabamos de comprar!

*A：ね？ このパソコン、調子が悪いの。
B：買ったばかりなのに！

★「…なのに！」「…だというのに！」と、あきれた気持ちをスペイン語で伝えたいときは、Pero si... で文を始めるといい。pero は「しかし」、si は「もし」だが、この場合は強調以外に特に意味はない。

★¡Pero si no lo sabía!（知らなかったんだよ！）、¡Pero si es muy fácil!（簡単だってば！）のように応用がきく上に、ストレスを発散できるお役立ちフレーズだ。

★ "acabar de ＋ 動詞の原形" は「…したばかりだ」の意。

136 ¿Por qué no me lo dijiste antes?

[ポル・ケ・ノ・メ・ロ・ディヒステ・アンテス]

▶ どうしてもっと早く言わなかったの？

A : Y firmé el contrato. No había otro remedio.
B : ¿Por qué no me lo dijiste antes?

*A：で、契約書にサインしちゃった。しかたなかったの。
B：どうしてもっと早く言ってくれなかったんだ？

★「どうしてもっと早く言わなかったの？」「早く言ってくれれば良かったのに！」という状況は、深刻なケースから他愛もないケースまで、いろいろある（⇒ 217 ）。ありがたいことに、これは日本語と同じ発想で表現できる。¿Por qué no me lo dijiste antes? ──「君はなぜ以前に私にそれを言わなかったのか？」で OK。por qué は「なぜ」、dijiste は decir（言う）の点過去形、antes は「以前に」。

★firmé は firmar（署名する）の点過去形、No había otro remedio. は「しかたがなかった」の意（⇒ 186 ）。

137 ¡Y pensar que para eso he venido!

[イ・ペンサール・ケ・パラ・エソ・エ・ベニド]

▶ そのためにわざわざ来たのに！

A: Ya hemos terminado el trabajo.
B: ¿Ya? ¡Y pensar que para eso he venido!

*A：もう仕事は片付いたよ。
 B：もう？ そのためにわざわざ来たのに！

★¡Y pensar que...! は「そして…ということを考えると！」という、宙ぶらりんのフレーズだ。「そう考えると、感無量だ」「不思議な気持ちになる」など、いろいろな気持ちを込めて使うことができる。日本語の「…だなんて！」「…だとは！」「…なのに！」などに当たる。

★ここでは、後にpara eso he venido（そのために私は来た）という句が続いている。会話の内容から、「わざわざ来たのに、むだ骨だったとはがっかりだ」という意味だと分かる。

CAPÍTULO 3

意見 フレーズ

自分の考えや意見を述べて
自己主張するのは、とても大切なこと。
はっきりした言い方だけでなく、
曖昧な答え方も合わせて覚えておくと便利。

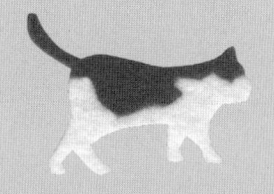

138 ¡Estupendo!
[エストゥペンド]
▶ **すばらしい！**

A: ¿Qué tal si vamos a la piscina?
B: **¡Estupendo!**

> A: プールに行こうか？
> *B: いいね！

★「とてもいい」ことを表すのに、スペインの人は Bien. や Muy bien. だけでなく、¡Estupendo! という言葉をよく口にする。「いいね！」「すばらしい！」「それ、最高！」のようなノリだ。単に「いいよ、分かった」のように軽く受けるときにも使う。

★¿Qué tal si...? は「…しませんか？」という誘いの決まり文句。これを使って ¡Estupendo!（いいね！）のような返事が返ってくる提案をしてみよう。

139 Verás.
[ベラス]
▶ **いい？**

A: ¿Por qué tengo que soportar esto?
B: **Verás,** Amalia, yo te explicaré.

> *A: どうしてこんなことを我慢しなくちゃいけないの？
> B: いい？ アマリア、私から説明しよう。

★意見を述べるとき、まず「いい？」のような前置きから始めると、相手の注意を引くことができて効果的。ver（見る）の未来形を使った Verás.（君は見るだろう）というフレーズがこれに当たる。

★「予言者っぽい、高いところからの目線が気になる」って？ Verás（いい？）、そういうニュアンスはないので、ご安心を。

140 Depende.
[デペンデ]
▶ **場合による。**

A: ¿Qué harías en este caso?
B: Pues **depende.**

> A: こんなとき、君ならどうする？
> *B: そうだね、場合によるよ。

★「どっちなの？」と聞かれて、「ケース・バイ・ケースなので、ひとことでは答えられない」と言いたい場合のとっておきの表現が Depende.（場合による）。depender（よる、依存する）という動詞だけであっさり表現できる。

★Según. という言い方もある。英語の according to（…によれば）にあたる前置詞だが、これも独立して使える。

141 Elemental.
[エレメンタル]
▶ 簡単なことだよ。

A : ¡Qué inteligente!
B : **Elemental,** querida Watson.

> *A : 頭がいいんですね！
> B : なあに、簡単な推理さ、ワトソン君。

★elemental（基本的な、初歩的な）という言葉は、curso elemental（入門講座）のような科目名、本の題名によく使われる。最後の tal の部分を強く発音する。

★日常会話では「簡単な問題だ」「どうってことはない」と、うそぶくときに登場する。シャーロック・ホームズの決めぜりふのスペイン語版としても知られている。あなたも名探偵を気どって「エレメンタル！」を使ってみよう。

142 Claro…
[クラロ]
▶ だってそうでしょ。

A : ¿Ya se lo dijiste?
B : No, porque **claro,** ella se va a enterar tarde o temprano.

> A : もう彼女にあのことを言ったの？
> *B : ううん、だってそうでしょ。いずれ彼女も気づくはずだし。

★claro は「もちろん」という意味だが、相手に賛成したときだけでなく、話し手自身の言い分に納得したときにも、使うことがある。ここでは、「だって誰でも当然そうするでしょ」という気持ちで、claro を合いの手に入れている。これを「もちろん」と解釈すると、意味不明になる。

★スペインの人は、こういう claro は、軽く舌打ちしてから使うことが多い。「ちぇっ、だって決まってるじゃないか」「ちぇっ、言わなくても分かるだろ」のようなノリだ。聞いているほうは、軽くイラッとするかも。

★dijiste は decir（言う）の点過去形、tarde o temprano は「遅かれ早かれ」「いずれ」の意。

143 Buena idea.
[ブエナ・イデア]
▶ **名案だね。**

A: Vamos a descansar un poco.
B: **Buena idea.**

　A：ちょっと休憩しようよ。
＊B：いい考えだね。

★相手の提案に賛成するときにぴったりなのが、Buena idea. ちょっとした提案でも「いい考えだ」と、ちょっとオーバーに反応するのがポイント。

★idea をうっかり「アイデア」と言い間違えないようにしよう。また、強く読む箇所は「イ」ではなく「デ」であることにもご注意！

144 Ni idea.
[ニ・イデア]
▶ **さあねえ。**

A: ¿Cómo se soluciona este problema con el virus del ordenador?
B: **Ni idea.**

＊A：このパソコンのウイルス、どうすれば解決できるの？
　B：さあねえ。

★Ni idea. は「考えさえ」ということだが、これは No tengo ni idea. (私は考えさえ持っていない) という文の前半を略したもの。つまり、「見当もつかない」「さっぱり分からない」「さあねえ」という、お手上げ状態を表すわけだ。肩をすくめて、手のひらを広げてこのフレーズを言えば、雰囲気が出る。

145 Porque sí.
[ポルケ・シ]
▶ **なぜと言われても…。**

A: ¿Por qué te gusta tanto el fútbol?
B: **Porque sí.**

＊A：どうしてそんなにサッカーが好きなの？
　B：どうしてと言われても…。

★Porque sí. は直訳すると「なぜならば、はい」となり、意味不明だが、これは「なぜって、いちいち説明しなくても、決まってるだろう？」、または「どう説明していいか…」のような気持ちを伝えたいときに使う表現だ。

★Porque no. (とにかく、だめなものは、だめ) という言い方もある。

146 ¡Eso no!
[エソ・ノ]
▶ **それは違うよ！**

A : ¿Tú también me has engañado?
B : ¡Eso no, César!

　　A： 君までぼくをだましていたのか？
　*B： セサル、それは違うよ！

★ 「ほかのことはともかく、その点だけは賛成できない！」──こんなメッセージを伝えるには、¡Eso no! のひとことで済む。Te equivocas.（それは君の思い違いだよ；⇒ 154）などよりきつい響きがある。逆に ¡Eso sí! と言えば、「それは OK だ」と賛成を表すことができる（⇒ 30）。

★ なお、César という名前は、古代ローマのカエサル（＝シーザー）と同起源。現代でもこの名前は普通に使われている。

147 Da igual.
[ダ・イグアル]
▶ **どっちでもいい。**

Novia : ¿Cuál de estos dos ramos de flores prefieres?
Novio : Da igual.

　*許婚（女性）： この２つのブーケのうち、どっちがいい？
　　許婚（男性）： どっちでも。

★ 選択を求められて、優先順位がつけられないときの決めぜりふ。da は dar（与える）の現在形。ここでは「重要である」という意味で使われているので、Da igual. は「どちらも重要度は同じようなものだ」、つまり「どちらでも構わない」ということになる。

★ あなたにとっては「どっちでも」というレベルの問題でも、相手にとっては大切なことかもしれないので、この表現は不用意に口にしないほうがいい。覚えたほうがいいのか、悪いのかって？ Da igual.（どっちでも）。

148 La verdad...
[ラ・ベルダー]

▶ 実を言うと…。

A: A mí, **la verdad,** no me daba ganas de hacerlo.
B: ¿Por qué no me lo has dicho antes?

　A: 実を言うと、ぼくはしたくなかったんだ。
＊B: どうしてもっと早く言ってくれなかったの？

★「実を言うと」に当たる表現としては、a decir la verdad や la verdad es que がよく紹介されるが、会話では、La verdad..., つまり「真実」と言うだけで OK。「正直に言うと」を「正直」と略すのと同じメカニズムの、シンプルな表現（⇒ 18 、 172 ）。

★ "dar ganas de ＋ 動詞の原形" で「…したい」の意。ここでは線過去形になっている。

149 Lo reconozco.
[ロ・レコノスコ]

▶ 自分でも分かってるんだ。

A: Te estoy molestando. **Lo reconozco.**
B: No digas eso. No es verdad, y tú lo sabes.

＊A: あなたに迷惑かけてるよね。自分でも分かってるの。
　B: とんでもない。そんなことないよ。分かってるだろ。

★ lo は「それを」、reconozco は reconocer（認める）の現在形。合わせて Lo reconozco. とすると、「私はそれを認める」、つまり「それは自分でもよく分かってます」ということ。

150 Digo yo.
[ディゴ・ヨ]

▶ 私はそう思うけど。

A: ¿Quién es el autor de este cuadro?
B: Picasso. Vamos, **digo yo.**

＊A: この絵を描いた人は誰？
　B: ピカソじゃない？ ま、ぼくはそう思うけど。

★ 言ってはみたものの、すぐに迷いが生じた。そんな自分へのフォローが Digo yo.（私はそう思うけど）というフレーズだ。digo は decir（言う）の現在形。主語 yo（私）を省略しないことで、「言っているのは、この私だ」という感じが出る。

★ vamos（まあ）と前置きしてから使うと、効力が上がる。ちょっと居心地悪そうな表情で言うのがコツ。

151 Menos mal.
[メノス・マル]
▶ まだましだ。

A : Este vuelo está lleno, pero tenemos asientos libres en el siguiente.
B : **Menos mal.**

*A : この便は満席ですが、次の便でしたら空席がございます。
 B : まだしも、というところですね。

★「手放しでは喜べないが、ひとまず最悪の事態は避けられた」という状況。これは、日本語だと「まだましだ」「不幸中の幸い」「せめてもの救い」とでも表すところだが、スペイン語では Menos mal. という簡潔なフレーズがある。直訳すると「より少なく悪い」。比較級がうまく活用されていて、便利な表現。

152 Casi, casi.
[カシ・カシ]
▶ まあ、そんなところ。

A : ¿Te enterabas del asunto?
B : Bueno, **casi, casi.**

 A : このこと、前から知ってたの？
*B : まあ、そんなところ。

★casi（ほとんど）という語は、意味を強めるために繰り返して使うことがある。[カシ・カシ] という、何だかユーモラスな響きになる。「…ですか？」と聞かれて、厳密にはそうではないが、当たらずと言えど遠からず、という場合に「まあ、大体そんなところ」という調子で答えるのに便利だ。

★Estoy casi, casi seguro.（十中八九間違いないよ）のように、文の中で使うこともももちろんできる。

★enterarse de... は「…を知る」の意。ここでは線過去形で使われている。

CAPÍTULO 3　69

153 Y punto.
[イ・プント]
▶ 話はそれだけだ。

Empleado: ¿No me da usted otra oportunidad?
Jefa: No. Estás despedido, **y punto**.

　社員: もうチャンスはもらえないんですか？
　上司: だめ。あなたはクビ。以上よ。

★Y punto. は「そしてピリオド」、言いかえると、「文章は以上でおしまい」「これ以上、何も言うことはない」という意味。議論を強引に打ち切りたいときの決めぜりふだ。

★相手を責めるときだけでなく、Yo soy el culpable, y punto.（悪いのは私だ。それ以外の何ものでもない）のように、自分の非を認める場合にも使う。

154 Te equivocas.
[テ・エキボカス]
▶ 思い違いだよ。

A: Siempre estás criticándome a mis espaldas.
B: No, Sofía. **Te equivocas**.

　A: あなた、いつも陰で私の悪口を言ってるでしょ。
　B: 違うよ、ソフィア。それは君の誤解だよ。

★「そうじゃない！」と、相手の意見を打ち消したいとき、No. だけでは言葉足らずで歯がゆい。ここは Te equivocas. の出番だ。これは equivocarse（間違う）の現在形。ずばり「君は間違っている」という意味だが、それほど高飛車な感じはせず、「そうじゃないよ」ぐらいのノリで使われる。

155 Estás bueno.
[エスタス・ブエノ]
▶ 君もおめでたい人だね。

A: Dentro de poco nos van a subir el sueldo, ¿no?
B: Si lo crees en serio, ¡**estás bueno**!

　A: もうじき給料を上げてもらえるんだろう？
　B: 本気でそう思ってるんなら、あなたもおめでたい人ね！

★Estás bueno. と言われて、「君は良い」とほめられているのかと思って喜んでいたら、どうも様子が変。そう、これは「君もおめでたいね」という皮肉なのだ。

★また、このフレーズを女性形にして Estás buena. と言うと、「君はセクシーだね」という、とんでもない意味にもなる。よく心して使おう。

156 Me explico.
[メ・エクスプリコ]
▶ つまりこういうことだ。

A : ¿Dices que hay que perdonarla?
B : Sí. **Me explico:** en primer lugar…

*A : 彼女を許すべきだっていうの？
 B : そうだよ。つまりこういうことだ。まず…。

★こちらの意図が相手によく伝わっていないとき、「ちょっと説明させてくれ。つまりこういうことなんだ」と前置きをして、きちんとわけを話すことがある。その前置きがMe explico. という文だ。日本語に訳すと、「私は私を説明する」と、何だか理屈っぽくなるが、スペインの人は日常会話でとてもよく使う。

★ひととおり説明が終わった後で、¿Me explico? (私の言うこと、分かった？) と確認することもある。

157 Déjame pensar.
[デハメ・ペンサール]
▶ 考えさせて。

A : Por mí no te preocupes.
B : Espera. **Déjame pensar.** Quizá haya alguna solución.

*A : 私のことなら心配しないで。
 B : まあ待って。考えさせてよ。何かいい手があるはずだ。

★これは、即答できないときに便利なフレーズ。déjame は dejar (放置する；…させる) の命令法と me (私を・に) をつないで書いた形、pensar は「考える」の不定詞の形。合わせて「私に考えさせてくれ」という意味で、英語の Let me think. に当たる。

★関西方言の「ま、考えときまっさ」は実は拒絶のサインだが、Déjame pensar. は、文字どおり「これから本気で考える」という意味だ。関西の人は、このフレーズ、いつものノリで使うのは禁物でっせ。

★haya は haber (ある) の接続法現在形で、ここでは確信のなさを表す用法で使われている。

CAPÍTULO 3

158 ¡Trato hecho!
[トラト・エチョ]
▶ **それで手を打とう！**

A : Si tú haces mis deberes, yo lavaré los platos.
B : Bien. **¡Trato hecho!**

　A：君がぼくの宿題をしてくれるなら、ぼく、皿洗いをするよ。
*B：OK。それで取引成立ね！

★trato は「協定；取り扱い」、hecho は hacer（する、作る）の過去分詞。だから、この2語を組み合わせた trato hecho は「行なわれた協定」「成立した商談」という意味になる。これを単独の文として使えば、「商談成立！」「話はそれで決まり！」「それで手を打とう！」という、確認の言葉になる。将棋の「王手！」、麻雀の「リーチ！」のように景気よく言うのがコツ。

---

159 Lo que oyes.
[ロ・ケ・オイェス]
▶ **聞いてのとおりだよ。**

A : ¿Qué me dices?
B : **Lo que oyes.** Tengo dos entradas para el concierto de esta noche.

*A：えっ、今何て？
　B：聞いてのとおりだよ。今夜のコンサートのチケットが2枚あるんだ。

★あなたの言葉を相手が信じず、「今、何て言った？」と聞き返してきたときには、こう言おう。Lo que oyes.（聞いてのとおりさ）は Te digo lo que oyes.（私は君に、君が聞いていることを言っているのだ）という文の前半を省略したものだ。

★Ya lo oyes.（君はもうそれを聞いている）という表現もある。どちらも、相手の驚きをクールにいなす感じがする。いつか使ってみよう！

160 ¿Tú qué crees?
[トゥ・ケ・クレエス]
▶ 君はどう思う？

A: A mí no me parece bien. **¿Tú qué crees?**
B: Yo no entiendo de eso mucho.

   *A: 私はそれには賛成できないの。あなたはどう思う？
   B: ぼくはそういうこと、よく分からないな。

★「私はこう思うのだが、君は？」と相手の意見を求めるには、¿Tú qué crees? という表現が便利だ。疑問詞 qué (何) を後回しにして tú を文頭に出した、おもしろい語順が特徴。いかにも「君の意見を早く知りたい」とはやる気持ちが出ている。

161 A lo mejor...
[ア・ロ・メホール]
▶ もしかすると…。

A: Eva no responde a mi *mail*.
B: **A lo mejor** no lo ha recibido.

   *A: エバは私のメールに返事をくれないの。
   B: もしかしたら受信してないんじゃないかな。

★「たぶん」を表す quizá や tal vez という語句には慣れていても、a lo mejor という表現は、ご存知ない人が多いのでは？ とても頻度が高いので、ぜひ覚えよう。後に続く動詞は必ず直説法になる。

★ *mail* は英語からの外来語。こう書いて [メイル] と発音する。

162 ¡No puede ser!
[ノ・プエデ・セール]
▶ そんなはずないんだけど。

A: La tienda está cerrada, ¿eh?
B: ¿A estas horas? **¡No puede ser!**

   *A: お店、閉まってるよ。
   B: こんな時間に？ そんなはずないんだけど。

★ ¡No puede ser! は「そういうことはあり得ない」の意 (⇒ 89)。puede は poder (…できる) の現在形。主語は話題になっている事態。

★ なお、スペインの商店は午後 2〜5 時ごろは、お昼休みでシャッターが閉まっていることもある。日本の感覚でショッピングを楽しもうとすると、¡No puede ser! (そんなばかな！) を連発することになりかねない。

CAPÍTULO 3

163 Ahora o nunca.
[アオラ・オ・ヌンカ]
▶ チャンスは今しかない。

A: Pero, ¿tengo que hablar con ella ahora?
B: ¡Claro! **Ahora o nunca.** ¡Anda!

　A：でも、彼女と話すのは、今でなきゃだめかな？
*B：そうだよ！ 今しかチャンスはないよ。がんばって！

★Ahora o nunca. は「今、または nunca（決して）」という、分かりやすいフレーズ。読んで字のごとく、「今でなければ、もう決して機会は訪れない」という意味だ。ぐずぐずしている人の背中をひと押しするのにぴったり。¡Anda!（がんばって、さあ！）や、¡Ánimo!（元気を出して！；⇒ 270）、Venga.（さあさあ；⇒ 206）などと合わせて使うと、より効果的。

164 Sí y no.
[シ・イ・ノ]
▶ どちらとも言える。

A: ¿Tú crees que eso es justo?
B: **Sí y no.** Deja que me explique.

*A：あなたは、それが正しいと思う？
　B：正しくもあり、そうでもないね。まあ聞いてよ。

★「それは、条件次第でイエスとも言えるし、ノーとも言える」というケースは、スペイン語では実にコンパクトに表現できる。Sí y no. ——つまり「はい、そして、いいえ」と言えばいいのだ。早口だとうまく理解してもらえないので、かみしめるように、ゆっくり言うのがコツ。

★こう言ったからには、詳しく説明しなければならない。上の例のように、Deja que me explique.（私に私の説明をさせてくれ）と切り出してもいいし、Me explico.（⇒ 156）で始めてもいい。

165 Y ya está.
[イ・ヤ・エスタ]

▶ それでいいんだよ。

A: ¡Ay, qué nervios! ¿Qué hago en la entrevista?
B: Pues pórtate como siempre, **y ya está**.

　A: ああ、緊張する！ 面接ではどうすればいいかな。
*B: いつものとおりにしてれば、それでいいよ。

★ここには、英文法で言う"命令文 + and"（…しなさい、そうすれば〜）の形が使われている。Pórtate como siempre（君はいつものようにふるまいなさい）, y ya está.（そうすれば、もう完了だ）というアドバイスだ。

★Y ya está. は、こんなふうに、「そんな悩みはすぐ解決できるよ。…するだけでいいんだ」と言いたいときに使う。相手の気持ちの負担を軽くするフレーズ。

166 Una de dos.
[ウナ・デ・ドス]

▶ 2つに1つだ。

A: **Una de dos:** o te pones a dieta o comes ahora y después te arrepientes.
B: ¡Ninguna de las dos!

　A: ダイエットするか、今食べて後で泣くか、2つに1つだよ。
*B: どっちもいや！

★二者択一は、スペイン語では Una de dos. と言う。「1つ」が una と女性形になっているのは、posibilidad（可能性）、cosa（事柄）のような女性名詞が隠れているため。

★「AかBか、2つに1つ」とするには、Una de dos: o A o B. のように、o（あるいは）という語を使えばいい。

★te pones は再帰動詞 ponerse（自分を…の状態に置く）の現在形、dieta は「ダイエット」、te arrepientes は再帰動詞 arrepentirse（後悔する）の現在形。

167 No hay problema.
[ノ・アイ・プロブレマ]
▶ 大丈夫。

A : ¿Qué hacemos?
B : **No hay problema.** Ya lo arreglaremos.

> *A : どうしよう？
> B : 大丈夫。何とかなるよ。

★No hay problema. ――英語だと There is no problem.（問題ない）、これは心強い言葉だ。「大丈夫だよ、心配ないよ」と相手を安心させたいときの必須フレーズとして覚えておこう。

★これを肯定文にして Hay un problema.（1つ問題がある）と言うと、日本語では何だか深刻に響くが、「ちょっと困ったことがある」というノリで使われる。もしこう言われても、たいていは No hay problema.（大丈夫）。

★また、No pasa nada.（何事も起こらないよ）という言い方もよく使う。

★arreglaremos は arreglar（解決する、処理する）の未来形。

168 Vale la pena.
[バレ・ラ・ペナ]
▶ 損はないよ。

A : ¿Qué te ha parecido la novela?
B : **Vale la pena** leerla. Es muy emocionante.

> A : その小説、どうだった？
> *B : 読んで損はないよ。すごく感動的だよ。

★Vale la pena. は「…して損はない」「…するだけの値打ちがある」と言いたいときのフレーズ。vale は valer（価値がある）という動詞の現在形。pena は「苦労、骨折り」。合わせて「それは苦労の価値がある」、つまり「それは損はない」ということになる。

★leerla（それを読むこと）のような語句をプラスすればメッセージが詳しくなる。また「価値がない」場合は、否定文にして No vale la pena. とすれば OK。覚えておいて「損はない」フレーズだ。

★¿Qué te ha parecido...? は「…は君にどう思われたか?」、つまり「君は…をどう思ったか?」という意味。

169 Es una corazonada.
[エス・ウナ・コラソナダ]

▶ そんな気がする。

A : ¿Por qué lo dices?
B : Nada. **Es una corazonada,** aunque mis corazonadas nunca fallan.

　A：どうしてそんなことを言うの？
*B：別に。そんな気がするだけ。でも、こういうの、よく当たるんだ。

★「根拠はないが、そんな気がする」、つまり「予感、虫の知らせ」を、スペイン語ではcorazonadaと言う。corazón（心）から派生した単語だ。Es una corazonada.（それは私の予感だ）と言えば、「そんな気がする」という意味を伝えられる。

★Mis corazonadas nunca fallan. は「私の予感は決して外れない」という意味。予知能力の高い人は覚えておこう。

170 Ya decía yo.
[ヤ・デシア・ヨ]

▶ こうなると思った。

Esposa : Esta falda me queda pequeña.
Esposo : **Ya decía yo** cuando te la ibas a comprar.

*妻：このスカート、きつい。
　夫：買うときに、こうなると思ったよ。

★「やっぱりね」「こうなるんじゃないかと、前から心配していたんだ」という気持ちは、Ya decía yo. というフレーズで表現できる。decía は decir（言う）の線過去形なので、「すでに私は言っていた」という形なのだが、実際には「思っていた」だけで、口にはしていないところがおもしろい。

★te（君に）を付けて Ya te decía yo. とすると、「だから言っただろう？」と、実際に警告していたことを表す。te の有無だけでこんなに意味が変わるのだ。

★queda は quedar（…の状態になる）の現在形。ibas は ir の線過去形で、"ir a ＋ 動詞の原形"（…しようとする）の用法で使われている。

171 No lo dudes.
[ノ・ロ・ドゥデス]
▶ 間違いない。

A : ¿Que él pretende hacer tal cosa?
B : Sí, ese es su propósito. **No lo dudes.**

*A : あの人がそんなことをしようとしてるって？
B : ああ、それが彼のねらいだ。間違いない。

★No lo dudes. (それを疑うな) は自信を持って断言したいときのフレーズ。dudar (疑う) の接続法現在形 dudes を使った否定命令文だ。

★このように、dudar をうまく使うと会話が生き生きする (⇒ 178 、419)。Lo dudo. (私はそれを疑う) という文も、「そうかな」「怪しいものだ」のようなニュアンスの便利なフレーズだ。

172 A decir verdad...
[ア・デシール・ベルダー]
▶ 実を言うと…。

A : ¿Qué te ha parecido la película?
B : **A decir verdad,** no me ha gustado mucho.

A : 今の映画、おもしろかった？
*B : 正直言って、あんまりおもしろくなかった。

★言いづらいことを思い切って打ち明けたいときは、この表現にお任せ。英語の to tell the truth と同様、verdad (真実) に定冠詞を付けて A decir la verdad... と言うこともできる (⇒ 148)。

★ha parecido, ha gustado はどちらも現在完了形。今さっき見た映画を話題にしていることが分かる。

173 Es un decir.
[エス・ウン・デシール]
▶ 言葉のあやだよ。

A : ¿Dices que estudiaste toda la noche? ¿Sin dormir ni un segundo?
B : Vamos, **es un decir.**

*A : 徹夜で勉強したって？　一睡もせずに？
B : まあ、それは言葉のあやだけど。

★言葉は、いつも現実を映すとは限らない。出来事をオーバーに表現したり、単純化して言ったりすることもある。それが「言葉のあや」というものだ。スペイン語では、これを Es un decir. と言う。「これも 1 つの表現方法ですよ」ということだ。口が滑って揚げ足を取られたときの護身用に覚えておこう。

174 Me da suerte.
[メ・ダ・スエルテ]
▶ 縁起がいい。

A: ¡Cómo te gusta el azul marino!
B: Es que este color **me da suerte.**

　A: マリンブルーが好きなんだね。
*B: だって、この色、縁起がいいんだよ。

★「縁起がいい」は Me da suerte. (それは私に幸運を与えてくれる) と、意外にシンプルに表現できる。このフレーズの前に este color (この色は) を付ければ、「これが私のラッキーカラーだ」という文のできあがり。

★幸運をもたらすものが複数形の場合は、動詞も dan と複数形になる。例: Estos calcetines me dan suerte. (このソックスを履いていると、いいことがあるんだ)。

175 Eso se dice.
[エソ・セ・ディセ]
▶ そう言われてるね。

A: Últimamente hay muchos acosos en las escuelas.
B: **Eso se dice,** pero en la nuestra no hay.

　A: 最近は、あちこちの学校でいじめがあるね。
*B: そういう話ね。でも、うちの学校にはないよ。

★確かに、一般的にはそう言われている。でも私の考えは違う。——こんなときの決めぜりふが Eso se dice. (一般的には、そのように言われている)。この後に pero... (でも…) と続けて、反論を始めるわけだ。

★ここの se は「一般に…される」という意味を表している。Eso dicen. (人々はそのように言っている) という形でも、同じような意味を表せる。

176 Algo es algo.
[アルゴ・エス・アルゴ]
▶ ないよりはまし。

A: En la nevera solo hay una lata de cerveza.
B: **Algo es algo.** Bebámosla.

　A: 冷蔵庫には缶ビールが1本しかないよ。
*B: 何もないよりはましだよ。それ、飲みましょ。

★「たとえわずかでも、ゼロよりは良い」という状況を、スペイン語では Algo es algo. と表現する。「何かは何かだ」、つまり「何かが存在するなら、それだけの意味がある」ということだ。

★Más vale algo que nada. (「無」よりは「何か」のほうが価値がある) ということわざもある。何かの役に立つかもしれないので、覚えておこう。

CAPÍTULO 3　79

177 Soy un desastre.
[ソイ・ウン・デサストレ]
▶ 私ってだめなんです。

CHECK✓

A: ¿Puedes ayudarme con este trabajo?
B: Perdón, es que **soy un desastre** para esas cosas.

　A: この仕事手伝ってくれる？
＊B: ごめんなさい。私って、そういうことだめなんです。

★desastre（災害、災難）という大げさな言葉を人間に対して用いることができる。Soy un desastre.（私は災害です）とは、「私は、何をやってもだめな人間なんです」という、自己評価0点の診断を表すフレーズだ。

★後に para las matemáticas（数学については）のような語句を続けて、だめな分野を特定することもできる。頼みを断るときなどに便利だが、乱発すると、本当にだめ人間の烙印を押されるかも。

---

178 No lo dudo, pero...
[ノ・ロ・ドゥド・ペロ]
▶ 疑うわけじゃないけど…。

CHECK✓

A: Esto lo pagué de mi bolsillo. Créeme.
B: **No lo dudo, pero** ¿de dónde has sacado tanto dinero?

　A: これは、ぼくが自分のお金で買ったんだ。信じてよ。
＊B: 疑うわけじゃないけど、そんな大金どうしたの？

★相手の言うことがどうも納得できないときにぴったりなのが、No lo dudo, pero...（私はそれを疑わない。しかし…）というフレーズ。日本語の「疑うわけじゃないけど…」と、意味も形もそっくりで、覚えやすい。この形で言い終えてもOKだが、後に文を続けることもできる。

★dudo は dudar（疑う）の現在形。同じ dudar を使って、逆に「自信満々」を表した表現 No lo dudes.（⇒ 171）と比べてみよう。

★pagué は pagar（支払う）の点過去形、bolsillo は「ポケット；所持金」、has sacado は sacar（引き出す；手に入れる）の現在完了形。

80　CAPÍTULO 3

179 Esto no es nada.
[エスト・ノ・エス・ナダ]

CHECK✓

▶ 何でもないよ。

A : ¿Por qué no descansas un poco, querida?
B : Ahora me encuentro bien. **Esto no es nada.**

A : ねえ、ちょっと休んだら?
*B : もう平気。何ともないよ。

★Esto no es nada. (これは何でもない) の esto (これ) は中性の形で、「この事態」を指している。場合によっては、esto (これ) を省略して No es nada. (何でもない)、もっと略して Nada. の1語で片づけてもいい。

★me encuentro は encontrarse「…の状態である」の現在形。

180 No es lo tuyo.
[ノ・エス・ロ・トゥヨ]

CHECK✓

▶ 君らしくもない。

A : ¡Ay, se me ha olvidado traer la tarjeta de crédito!
B : ¿Qué te pasa? **No es lo tuyo.**

A : しまった! クレジットカードを持ってくるのを忘れた!
*B : どうしたの? あなたらしくもないね。

★No es lo tuyo. (それは君のものではない) という形で、「いつもの君らしくない」というコメントが表現できる。lo は定冠詞の中性の形、tuyo は「君のもの」。「その行動は、君本来のものではない」ということだ。

★同様に、「彼らしくない」「彼女らしくない」は No es lo suyo. となる。

181 Por lo que veo…
[ポル・ロ・ケ・ベオ]

CHECK✓

▶ 見たところ…。

A : **Por lo que veo,** es usted una profesional de las compras.
B : Claro. ¿A cuánto me pone estas almejas?

A : お客さん、見たところ、買い物のプロですね。
*B : もちろん。このアサリ、いくらで売ってくれるの?

★veo は ver (見る) の現在形なので、これは日本語の「私が見るところでは」と全く同じ構造の表現だ。断定すべきかどうかためらいがあるときに、こう断っておけば、会話がスムーズに運ぶ。

★pone は poner (置く) の現在形で、ここでは「値段をつける」の意味を表す。

182 Ha sido sin querer.
[ア・シド・シン・ケレール]
▶ わざとじゃないよ。

A : ¿Cómo has podido romper mi móvil?
B : Perdóname. **Ha sido sin querer.**

*A : どうして私の携帯を壊したの？
B : ごめん。わざとやったんじゃないよ。

★sin querer という便利な表現がある。「欲することなく」、つまり「しようとしてしたのではなく」「ついうっかり」ということだ。これを ha sido (ser の現在完了形) に付けて、Ha sido sin querer. と言うと、「わざとじゃないよ」「悪気はなかったんだ」という文ができる。

★逆の場合は adrede (わざと) という言葉を使う。例：Lo he hecho adrede. (わざとそうしたんだ)。

★has podido は poder (…できる) の現在完了形、móvil は teléfono móvil (携帯電話) の略。

183 No es culpa mía.
[ノ・エス・クルパ・ミア]
▶ 私のせいじゃない。

A : ¡Ay, qué sucio está el suelo!
B : **No es culpa mía.** Es la culpa de mis zapatos.

*A : あっ、床がこんなに汚れてる！
B : ぼくのせいじゃないよ。悪いのは靴だよ。

★No es culpa mía. (それは私の罪ではない) は、自分の非を認めたくないときの必殺フレーズ。「私の」を mi という形で表して No es mi culpa. と言うこともできるが、culpa mía のほうがインパクトが強い。

★また、No tengo la culpa. (私は罪を持っていない)、No soy el [女性は la] culpable. (私は罪を犯した人ではない) などの類似フレーズがある。でも、上の会話のような状況では、どう理屈をこねても、誰のせいかは明白だ。

184 No es para tanto.
[ノ・エス・パラ・タント]
▶ それほどでもない。

Esposa : ¡No soporto más las travesuras de los niños!
Esposo : Vamos, mujer. **No es para tanto.**

*妻：子どもたちのいたずらには我慢ができないわ！
夫：まあまあ。そんなに言うなよ。

★相手の言葉が大げさすぎると思ったとき、No es para tanto.（〈それは〉それほどのことではない）のひとことでやんわりとたしなめることができる。

★Vamos.（まあまあ）という言葉とセットで使うと、相手も冷静さを取り戻し、穏やかな収束に向かうはずだ。

185 Eres todo un hombre.
[エレス・トド・ウン・オンブレ]
▶ 君もすっかり一人前だね。

Hijo : Toma. Mi primer sueldo, mamá.
Madre : ¡Ya **eres todo un hombre**!

子：はい、お母さん。ぼくの初任給。
*母：ああ、お前も、もうすっかり一人前ね！

★「まだ子どもだと思っていたら、いつの間にか大人になっていた」という感慨は、このフレーズで伝えよう。「君は完全な1人の男だ」と直訳できる。ya（もう）を加えてもいい。

★女性に向かって言う場合は、Eres toda una mujer.（君は完全な1人の女性だ）と女性形になる。

186 No hay más remedio.
[ノ・アイ・マス・レメディオ]
▶ しかたがない。

A : ¿Tenemos que aceptar sus condiciones?
B : Es que **no hay más remedio**.

*A：あっちの言い分を飲まなきゃならないの？
B：しかたがないんだ。

★「しかたがない」「ほかにどうしようもない」という、あきらめ宣言。スペイン語では No hay más remedio. となる。remedio は「方法、手段」。文全体では「そのほかに方法がない」。分かりやすいフレーズだ。

★後に que を足して、No hay más remedio que aceptar sus condiciones.（あっちの言い分を飲むより、しかたがない）のように、内容を詳しく説明することもできる。

187 Significa mucho para mí.
[シグニフィカ・ムチョ・パラ・ミ]

▶ 私には大切なことなんだ。

A: ¡Enhorabuena!
B: Gracias. Este premio **significa mucho para mí.**

　A：おめでとう！
*B：ありがとう。この賞は、私にはとても大切なことなの。

★「大切な」を importante ではなく、significar mucho（大いに意味がある）という形で表現できれば、あなたは上級者！ 言われてみれば何でもないが、知らなければ思いつかない。ここでは、単数形の主語を受けて significa という形になっていて、後に para mí（私にとって）という句が付いている。

★なお、¡Enhorabuena! については、⇒ 272 。

188 Es muy simpático, pero...
[エス・ムイ・シンパティコ・ペロ]

▶ いい人なんだけど…。

A: **Es muy simpática, pero** un poco preguntona.
B: ¿Qué te preguntó esta vez?

*A：あの人、いい人なんだけど、ちょっと詮索好きだよ。
　B：今度はどんなことを聞かれたの？

★「いい人なんだけど…」という表現は、今からその人の悪口を始める合図のようなものだ。あらかじめフォローしておくことで、場の雰囲気を和らげるわけだ。スペイン語でも同じように、Es muy simpático, pero...（彼はとても感じがいいんだけど…）と前置きする。「彼」でなく「彼女」の場合は、「感じがいい」を simpática と女性形にする。

189 Para que te enteres.
[パラ・ケ・テ・エンテレス]

▶ 言っとくけど。

A: Tú calla.
B: Pues yo también tengo derecho a opinar, **para que te enteres.**

　A：君は黙ってろ。
*B：言っとくけど、私にだって意見を言う権利はあるんだからね。

★強調の「言っとくけどね」は、Para que te enteres. と言う。enterarse（知る）という動詞の接続法現在形を使って、「君が知るために」、つまり「君に知っておいてもらうために（私は…と言う）」という形で表現する。

★言いたいことの前に置くことも、後から付け足すこともできる、言っとくけどね。

84　CAPÍTULO 3

190 La encuentro muy rara.
[ラ・エンクエントロ・ムイ・ララ]

▶ 彼女、様子が変だよ。

A : ¿Cómo está tu hermana?
B : **La encuentro muy rara.** Está como asustada.

　　A : お姉さんの具合はどう？
　*B : 何だか様子が変なの。何かにおびえているみたいで。

★ La encuentro muy rara. の la は「彼女を」、encuentro は encontrar（見つける）の現在形、rara は raro（変な）の女性形。直訳すると「私は彼女をとても変な状態で見出す」となる。要するに「彼女は、とても変だよ」という意味だ。文をまるごと暗記して、この発想になじもう。

★ 問題の人が男性の場合は？ lo（彼を）を使って、Lo encuentro muy raro. となる。「変な」のほうも男性形にすることをお忘れなく。

191 España es mucho España.
[エスパニャ・エス・ムチョ・エスパニャ]

▶ スペインは何と言ってもスペインだ。

A : ¡Ojalá Japón gane a España!
B : No digo que Japón juegue mal, pero **España es mucho España.**

　*A : 日本がスペインに勝つといいんだけど！
　　B : 日本チームも悪くないけど、スペインはやっぱりスペインだからね。

★ mucho は「たくさん」だけでなく、「何と言っても」「やっぱり」「さすがに」のようなほめ言葉にもなる。サッカーの話題で España es mucho España. と言えば、「スペインは、何と言ってもサッカーの強豪として知られているからね」という意味を表す。

★ また、Es mucho equipo este equipo.（このチームは、なかなかのチームだ）のような表現もある。

★ "¡ojalá + 動詞接続法!" は「願わくば…しますように！」の意。gane は ganar（勝つ）の接続法現在形。

CAPÍTULO 3　85

192 Gustarme, me gusta, pero...

[グスタールメ・メ・グスタ・ペロ]

▶ 好きなことは好きだけど…。

A: ¿No te gusta el fútbol?
B: Bueno, **gustarme** sí **me gusta, pero**...

　A: サッカーは好きじゃないの？
＊B: そうだなあ、好きなことは好きなんだけど…。

★「好きなことは好きだけど…」という煮え切らない気持ちをスペイン語で伝えよう。まず動詞を gustarme（私が好きなこと）という原形で言い、後に普通の文 me gusta, pero...（好きだ。でも…）を足せばいい。間に sí（確かに）を入れてメリハリをつけることもできる。

★ Entender, entiendo, pero...（分かることは分かるけど…）、Saberlo, lo sabía, pero...（知ってたと言えば、知ってたけど…）など、いろいろ応用がきくパターンだ。

193 ¿Crees que no lo sé?

[クレエス・ケ・ノ・ロ・セ]

▶ 私が知らないとでも？

A: ¿Pero **crees que no lo sé**?
B: No sé de qué estás hablando, querida.

＊A: 私が知らないとでも思ってるの？
　B: いったい何の話かな？

★ あくまでシラを切り続ける相手は、このフレーズでやっつけよう。「ネタはとっくに割れている」という宣告だ。crees は creer（思う）の現在形、lo は「そのこと」、文末の sé は saber（知る）の現在形だ。

★「私がそれを知らないと、君は思うの？」ということだが、「知る」という動詞が接続法でなく直説法になるところがポイント。¿Crees que no me doy cuenta?（気づかないとでも？）、¿Crees que soy tonto?（私が愚か者だとでも？）など、このパターンはいろいろ応用が可能。

194 Total, no es gran cosa.
[トタル・ノ・エス・グラン・コサ]
▶ どうせ大したことじゃないし。

A: Perdón. He borrado tu mensaje antes de leerlo.
B: Está bien. **Total, no es gran cosa.**

> *A: ごめんなさい。あなたからのメール、読まずに消去しちゃった。
> B: いいよ。どうせ大したことじゃないし。

★ total(すべての)という言葉は、これ 1 語で「どうせ…だから」という意味が表せる。「すべてを考慮した結果…」というところから来ている。後に no es gran cosa (それは大きなことではない) という句を付けると、「どうせ大したことじゃないし」というフレーズのできあがり。

★ 文脈によっては ¡Total! だけでも「どうせ(むだだろう！)」「どうせ(だめに決まってるだろう！)」など、投げやりな気持ちが伝えられる。

195 A ver si tengo suerte.
[ア・ベール・シ・テンゴ・スエルテ]
▶ うまくいくといいけど。

A: ¿Mañana vas a ir de pesca?
B: Sí. **A ver si tengo suerte** y no llueve.

> *A: 明日、釣りに行くんだって？
> B: そうなんだ。雨が降らずに、うまくいくといいんだけど。

★ A ver si... (…はどうだろうか) という形は、なかなか使いみちが多い。例えば、後に tengo suerte (私が幸運を持つ) をプラスすると、「うまくいくといいけど」となる。このように、将来の展望を表すことができる。

★ また A ver si cenamos temprano. (今夜は夕ご飯を早く食べてはどうだろうか？)のように、提案をすることもできる。どちらの場合も、自信のなさそうなニュアンスが出る。

196 Es muy propio de ella.
[エス・ムイ・プロピオ・デ・エリャ]
▶ いかにも彼女らしいね。

A : María dice que no puede venir, pero quiere que le enviemos el regalo.
B : **Es muy propio de ella.** Cree que las cosas salen a su antojo.

　A : マリアは来られないけど、プレゼントだけ送ってくれって。
　*B : あの子らしいね。何でも思いどおりになると思ってるんだよ。

★「いかにも…らしい」は Es muy propio de... と言う。propio は「固有の、特有の」という意味なので、文全体としては「それは非常に…特有（のふるまい）だ」ということになる。

★Es una pregunta muy propia de él. (いかにも彼が言いそうな質問だ) のような発展形もある。また、propio を省いて Es muy de ella. のように言うこともある。

★enviemos は enviar (送る) の接続法現在形、salen は salir (…になる；出る) の現在形。a su antojo は、ここでは「彼女の望みどおりに」の意。

197 Permíteme que te diga que...
[ペルミテメ・ケ・テ・ディガ・ケ]
▶ 言いにくいんだけど…。

A : **Permíteme que te diga que** te comportas como un niño.
B : Soy el primero en admitirlo.

　*A : こう言っちゃなんだけど、あなたのやり方は子どもみたいだよ。
　B : そのとおりだと、ぼくも思う。

★言いにくいことを言わざるを得ないとき、このフレーズを使おう。「私が君に…と言うことを、私に許してください」。舌をかみそうだが、スペインの人はこれを切り札に、思ったことをずけずけと言う。真似してみよう。permíteme は permitir (許す) の命令法 + me (私に) (⇒ 334)。diga は decir (言う) の接続法現在形。

★te comportas は comportarse (ふるまう) の現在形。また、Soy el primero en admitirlo. を直訳すると、「私はそれを認める最初の人物だ」となる。開き直って相手の攻撃を鈍らせるフレーズだ。

198 Eso es fácil de decir.

[エソ・エス・ファシル・デ・デシール]

▶ 口で言うのは簡単だよ。

A : Debemos olvidar lo que ha pasado.
B : **Eso es fácil de decir.**

　　A：過ぎたことは忘れなきゃ。
　*B：口で言うだけなら簡単だよ。

★「言うは易し」という東洋に伝わる戒めを、スペイン語では Eso es fácil de decir.(それは言うのが簡単だ) と表現する。日常会話でもよく使う。

★なお、「行なうは難し」は、Eso es difícil de realizar. (それは実行するのが難しい) と言う。合わせて使ってみよう。

★debemos は deber (…すべきだ) の現在形、ha pasado は pasar (〈出来事が〉起きる) の現在完了形。

199 Tú tampoco te quedas corto.

[トゥ・タンポコ・テ・ケダス・コルト]

▶ 君もいい勝負だよ。

Esposa : ¡Qué charlatana es esa señora!
Esposo : Querida, **tú tampoco te quedas corta.**

　*妻：あの奥さん、すごくおしゃべりだよ。
　　夫：ねえ、君も相当なものだよ。

★自分のことを棚に上げて他人を非難する人に向けて放つ必殺フレーズが、こちら。quedarse corto (不足している) という熟語を使って「君だって不足してはいない」「君も同じようなものだ」という意味になる。

★女性に向かって言う場合は、corto (足りない；短い) という語が女性形 corta となるので、注意しよう。

200 Eso no tiene nada que ver.

[エソ・ノ・ティエネ・ナダ・ケ・ベール]

▶ **そんなの関係ないよ。**

A: A propósito, ¿qué edad tienes, Pedro?
B: **Eso no tiene nada que ver** con el tema.

*A: ところで、ペドロ、年いくつ?
B: 今、そんなこと関係ないだろ。

★tener que ver は直訳すると「見なければならない」だが、これで「関係がある」というイディオムになる。意見を述べるときなどの必須表現。

★「全然関係がない」という否定文は no... nada を使って、Eso no tiene nada que ver. のようになる。また、何との関係かを表したい場合は con (…と) でつなげば OK。

★a propósito は「ところで」「そう言えば」のように新たな話題を導入するときの表現。

CAPÍTULO 4

依頼・命令 フレーズ

相手に何か頼むときや、「〜しないで！」と注意したり、
助言するときに役立つフレーズを覚えよう。
命令の形をうまく使えば、いろんなことが表現できる。

201 ¡Cuidado!
[クイダド]

▶ 危ない！

A : ¡Cuidado! Te vas a caer.
B : Gracias, me has salvado.

*A : 危ない！ 転ぶよ。
 B : ありがとう。おかげで助かったよ。

★ 「危ない」を表す形容詞は peligroso [ペリグロソ] だが、「危ないよ、気をつけて」という場合には使えない。¡Peligroso! と言うと、英語の Dangerous! と同様、「あなたは危険人物だ」と受け取られかねない。

★ ここは cuidado (注意、用心) という名詞を使うのがコツ。tener (持つ) とセットにして Ten cuidado. (直訳は「用心を持ちなさい」) のように言うこともできるが、¡Cuidado! 1語のほうが簡単だ。文字どおりの「とっさのひとこと」として、これが口をついて出るように練習しておこう。

★ has salvado は salvar (助ける) の現在完了形。

202 ¡Ojo!
[オホ]

▶ 気をつけて！

A : ¡Ojo, que el semáforo está en rojo!
B : ¡Ay, no me di cuenta!

*A : 気をつけて！ 信号が赤だよ！
 B : うわっ、気がつかなかった！

★ 「気をつけて、よく見て！」は、スペイン語では ¡Ojo! (目！) と、実に短く表現できる。日本語の「注目！」と同じ発想だが、くどくど言わず「目！」で済ませるところがシブい。人差し指を目に当てるジェスチャーをしながら言うのがお約束だ。

★ なお、ojo を文字で書くと、ちょうど両眼と鼻のようになる。絵文字のようなので1度覚えたら忘れない。

★ me di cuenta は darse cuenta (気づく) の点過去形。

203 ¡Ven!
[ベン]

▶ おいで！

A: Beatriz, ¿dónde estás? **¡Ven!**
B: Estoy aquí. ¡Ahora voy!

A: ベアトリス、どこにいるの？ おいで！
*B: ここだよ。今行く！

★「おいで！」は venir の命令法 ven で表せる。語尾に te (君自身) をプラスして ¡Vente! [ベンテ] とすると「来いったら！」と、少し強調した感じが出せる。

★英語では「行きます」は I'm coming. という言い方をするが、スペイン語では Voy. (私は行きます) と言う (⇒ 45)。日本語と同じ発想だ。

204 ¡Silencio!
[シレンシオ]

▶ 静かに！

Niño: ¡Ejem! ¡Soy el superhéroe!
Madre: Chis..., **silencio,** que la nena está dormida.

子: えへん、ぼくはスーパーヒーローだぞ！
*母: シー、静かに。赤ちゃんが寝てるのよ。

★silencio は「沈黙」という名詞で、英語の silence に当たる。会場がざわざわしている場合には、Silencio, por favor. (皆さま、静粛に) のような場内アナウンスが流れることもある。

★日本語の「シー」は、スペイン語では chis... [チー(ス)] と言う。

★人に黙ってほしいときの表現は、ほかに、⇒ 219 、223 、224 、233 など。

205 ¡Vete!
[ベテ]

▶ あっちへ行け！

A: Anda, **vete.** Tengo mucho que hacer.
B: Pero tengo una noticia muy importante.

A: さあさあ、あっちへ行ってくれ。忙しいんだ。
*B: でも、とても大事なお知らせがあるんだけど。

★相手を追い払うためのフレーズは ¡Vete! (あっちへ行け！)。irse (行ってしまう、立ち去る) という再帰動詞の命令法だ。¡Vente! (来いったら！) と似ているので、誤解されないよう、クリアに発音しよう。

★anda (さあさあ) という相手の行動を促す言葉をプラスすることで、¡Vete! のきつい感じを和らげることができる。

206 Venga.
[ベンガ]
▶ さあさあ。

Alumno: ¡Señorita, tengo miedo!
Profesora: **Venga,** ¡vamos, Juan!

生徒: 先生、怖いよう！
*先生: さあさあ、フアン、がんばって！

★ 「さあ、早く！」とせきたてるときに便利なのが、この Venga. という表現。venir（来る）の接続法現在形だが、tú に対しても usted に対しても区別なく使えるので、とても便利。Venga, hasta luego.（じゃ、また明日）のように、話を切り上げるときにも OK だ。

★ 不安いっぱいのフアン君。先生の Venga.（さあさあ）という励ましに力を得て、きっとうまく飛びこめるだろう。

207 ¡Atención!
[アテンシオン]
▶ お知らせします。

Azafata: **Atención,** por favor. El avión va a aterrizar en unos minutos.
Viajero: ¡Por fin llegamos!

*客室乗務員: お知らせします。当機はまもなく着陸します。
乗客: やっと着くぞ！

★ 英語の Attention, please.（お知らせします）は、スペイン語でもそのまま Atención, por favor. と表現する。これは個人の間ではなく、主に機内や場内のアナウンスなど、不特定多数へのメッセージで使われる。

★ ¡Atención! は、軍隊などの「気をつけ！」という号令にもなる。Aten- の後でちょっとポーズをおいて、-ción を強い調子で言う。この場合は por favor を付けると、軟弱そうになるので、間違っても付けないように。

208 Tranquilo.
[トランキロ]
▶ **落ち着いて。**

Esposo : Oigo unos ruidos abajo. ¿Qué vamos a hacer?
Esposa : **Tranquilo.** Debe de ser el gato.

　夫：下で物音がするぞ。どうしよう？
＊**妻**：落ち着いて。きっとネコだよ。

★Tranquilo. は「平静な、穏やかな」という形容詞だが、これ1語で命令文として「落ち着いて」の意味で使うことができる。

★ここでは Tranquilo. と男性形だが、女性に向かって言うときは Tranquila. と女性形になる。言い間違うと、こちらが慌てているみたいになるので、「落ち着いて」。

209 Cuídate.
[クイダテ]
▶ **お大事に。**

A : Me siento mal. Me voy a casa.
B : ¡Pobrecita! **Cuídate.**

＊**A**：調子が悪いから、家に帰るね。
　B：かわいそうに！ お大事にね。

★Cuídate. は風邪のシーズンなどの必須アイテム、「お大事に」。これは cuidarse (自分〈の健康〉に気を配る) という動詞の命令法だ。これは tú を主語にした形なので、親しい人に使おう。

★usted に対しては Cuídese. という形になる。

210 ¡Socorro!
[ソコロ]
▶ **助けて！**

A : ¡**Socorro**! ¡Me ahogo!
B : ¡Espera, allá voy!

＊**A**：助けて！ 溺れる！
　B：待ってろ、今行くぞ！

★socorro は「救助」という名詞だが、ピンチのときに叫べば、「助けて！」という意味になる。「救助をする人」、つまり救急隊員やライフセイバーは socorrista と言う。

★¡Socorro! は、巻き舌のrをきちんと発音しないと通じない。巻き舌の苦手な人は、困っても助けを求められない…。でも、ご安心。そんな人には ¡Ayúdame! (私を助けて！) という、文字どおりの「お救い」フレーズがある。

211 ¡Date prisa!
[ダテ・プリサ]
▶ 早く！

A: Espera, Bernardo. No corras tanto.
B: ¡**Date prisa**, que ya viene el tren!

*A: ベルナルド、待ってよ。そんなに走らないで。
B: 早く！ もう電車が来るよ。

★英語の Hurry up!（急げ！）をスペイン語で言うと ¡Date prisa! まるで「伊達プリサ」さんという女性の名前(?)のようだ。これは darse prisa（自分に「急ぎ」を与える＝急ぐ）という熟語の命令の形だ。急いでほしい相手には、このフレーズで活を入れよう（⇒ 330 ）。

★que ya viene el tren の que は「なぜならば」の意味で、文全体では「急ぎなさい。なぜならもう電車が来るから」ということになる。

212 ¿Me permite?
[メ・ペルミテ]
▶ 通してください。

A: Voy a bajar. ¿**Me permite**?
B: Sí, claro.

*A: 降ります。通してください。
B: はい、どうぞ。

★バスや電車などで、込み合った中を通らなければならないとき、日本では無言で人を押しのけて進む光景をよく目にする。だがスペイン語圏では、これは大変なマナー違反。必ず「通してください」と声に出して、周囲の人に自分の意思を伝えよう。

★ここで役に立つのが ¿Me permite?（あなたは私を許してくれますか？）。permite は permitir（許す）の現在形。わずか2語のフレーズで、モーゼの前の紅海のように、あなたの前に道が開ける。ぜひお試しあれ。

213 ¡Corta el rollo!
[コルタ・エル・ロリョ]
▶ 長い話はやめて！

A : **¡Corta el rollo,** que tengo que irme!
B : Pero si estoy yendo al grano…

*A：くだらないむだ話はやめて！ もう行かなきゃ。
B：でも、これからがいいところなのに…。

★rollo は「巻いたもの、ロール」という意味で、rollo de primavera（春のロール＝中華料理の「春巻き」）のように、活躍分野が豊かな語だが、「つまらないこと、退屈な話」の意味でも使える。¡Corta el rollo! は「つまらない話をカットして！」ということだ。カニのように両手をはさみの形にしてチョキチョキ切る仕草をしながら言うと威力が増す。

★yendo は ir（行く）の現在分詞、grano は「穀物；本題」という意味（⇒ 27）。

214 Nada de excusas.
[ナダ・デ・エクスクサス]
▶ 言い訳無用。

A : Es que ayer mi mujer se puso enferma y…
B : **Nada de excusas.** Sé que eres soltero.

A：実は昨日、妻が病気になって…。
*B：言い訳は無用だよ。独身のはずだよね？

★自分の非を認めずごまかそうとする。こんな相手をぴしゃりとやりこめるには、Nada de …（…は役に立たない；…無用）が効果抜群だ。Nada de excusas（言い訳無用）、Nada de discusiones.（問答無用）、Nada de disimulos.（とぼけてもむだだ；⇒ 415）など、いろいろなパターンがある。

★Nada de halagos.（お世辞はやめてくれ）の場合は、ちょっと照れながら言うケースのほうが多いかもしれない。

215 Déjate de bromas.
[デハテ・デ・ブロマス]
▶ 冗談はよして。

A: La verdad es que no soy tu novio.
B: **Déjate de bromas.**

　　A: 実を言うと、ぼくは君のいいなずけじゃないんだ。
　*B: 冗談はよして。

★Déjate de bromas. は、相手の言うことが信じられない場合にうってつけのフレーズ。déjate は dejarse (やめる) の命令法、broma は「冗談」。合わせて「冗談をやめなさい」と、そのものずばりの表現だ。usted に対しては Déjese de bromas. となる。

★ほかに、Sin bromas. (冗談はなしだよ)、Ya está bien de bromas. (もう冗談はたくさん) などのバリエーションもある。

216 No seas egoísta.
[ノ・セアス・エゴイスタ]
▶ わがまま言わないで。

A: ¡Paso! No voy porque no me da la gana.
B: **No seas egoísta.**

　*A: 私、パス！ 行かない。だって行きたくないんだもん。
　　B: わがまま言うなよ。

★「わがまま」「自分勝手」は egoísta という言葉で表す。性別を問わずこの形だ。No seas egoísta. と命令文で使えば「君はわがままであってはならない」という意味になる。seas は ser の接続法現在形。

★¡Paso! [パソ] はトランプなどで順番を飛ばしてほしいときに言う「パス！」のこと。誘いを断るときなどにも使う。

217 Haberlo dicho antes.
[アベールロ・ディチョ・アンテス]
▶ そういうことは早く言ってよ。

A: Tengo un perro, dos gatos... y tres hijos.
B: **Haberlo dicho antes.**

　　A: ぼく、犬を1匹、猫を2匹飼ってて、子どもが3人いるんです。
　*B: そういうことは早く言ってよ。

★Haberlo dicho antes. は、「これでも文？」と言いたくなる、落ち着かない形をしている。haber dicho は decir (言う) の不定詞の完了形で、現在形でも過去形でもないから、主語もない。でも、これはれっきとした「過去に対する命令文」なのだ。

★つまり、「(君は) それを前に言うべきだったのに」という意味になる。大切な情報をなかなか教えてもらえなかったときに、使ってみよう (⇒ 136)。

218 ¡Déjame en paz!
[デハメ・エン・パス]
▶ ほっといて！

A: ¿Qué vas a hacer? Oye, ¿qué vas a hacer?
B: ¿Quién sabe? **¡Déjame en paz!**

*A: どうするつもり？ ねえ、どうするつもりなの？
B: 知るもんか！ ほっといてくれ！

★相手の干渉を断ち切りたいときの決めぜりふは ¡Déjame en paz!（私を平和の中においてくれ！）。個人の「平穏な状態」を表すのに paz（平和）という大げさな単語を担ぎ出してくるところがすごい。

★¿Quién sabe? は「誰が知っているだろうか？＝知るものか！」という意味（⇒ 47 ）。

219 ¡Cierra el pico!
[シエラ・エル・ピコ]
▶ うるさい！

A: ¿Tienes miedo de esta casa encantada? Eres un cobarde.
B: **¡Cierra el pico!**

*A: このお化け屋敷がこわいの？ 臆病だね。
B: うるさい！

★「黙って」は Cállate. が基本だが、ここではちょっと俗語的なフレーズ ¡Cierra el pico!（くちばしを閉じろ！）をご紹介しよう。cierra は cerrar（閉じる）の命令法。pico は鳥のくちばしのこと。

★痛いところをチクチク突かれたときに、「ピーチクパーチクとうるさいなあ」という調子で使う。少し品がないので、気をつけて。

220 No seas así.
[ノ・セアス・アシ]
▶ そんな態度をとるなよ。

A: Vete tú. Yo me quedo.
B: Vamos, mujer. **No seas así.**

*A: あなたは行って。私は残るから。
B: おいおい、そんな態度をとるなよ。

★相手がすねたり、無理難題をふっかけてきたりしたら、No seas así. で応酬しよう。これは「そんなふうにするな」という、打ち消しの命令文。ser の接続法現在形 seas が使われている。

★vete は irse（行ってしまう）という再帰動詞の命令法で、「行ってしまいなさい」の意。あまり言われなくない言葉だ。

CAPÍTULO 4

221 Habla más alto.
[アブラ・マス・アルト]

▶ もっと大きな声で話して。

A: Es que ayer estuve tan ocupada que no pude…
B: ¿Cómo? **Habla más alto,** que casi no te oigo.

*A: 昨日はとても忙しくて、無理だったんです…。
B: 何だって？ もっと大きな声で言ってよ。よく聞こえないよ。

★alto は「高い」、habla は hablar（話す）の命令法、más は「もっと」。だが Habla más alto. と言われても、ソプラノの高音で返事をしてはいけない。ここは、「もっと大きな声で」話さなければならない。alto には「(声が) 大きい」という意味もあるのだ。

★同じく bajo (低い) にも、「小声で」という意味がある (⇒ 397)。「高低」「大小」のどちらが問題なのかは、文脈によって区別しよう。

★estuve は estar、pude は poder (…できる) の点過去形。

222 No te molestes.
[ノ・テ・モレステス]

▶ お気遣いなく。

A: Venga, te acompaño hasta la puerta.
B: Gracias, pero **no te molestes.**

A: さあ、玄関まで送るよ。
*B: ありがとう。でも、お気遣いなく。

★molestar (邪魔をする、困らせる) というネガティブな意味の動詞には、すごい裏ワザがある。molestarse (自分を煩わす、わざわざ…する: ⇒ 83) という再帰動詞の形にして、相手に対する気遣いを表すフレーズとして使えるのだ。

★No te molestes. は「自分を煩わさないでくれ」、つまり「気を遣わないでくれ」という意味で、相手の厚意に対する感謝の気持ちを伝えられる。usted に対しては、No se moleste. と、少し語形が変わる。

223 ¿Te quieres callar?
[テ・キエレス・カリャール]

CHECK ✓

▶ ちょっと黙ってて。

A: Bárbara, ¿te quieres callar?
B: Quiero, pero no puedo.

A：ねえ、バルバラ、ちょっと黙ってて。
*B：そうしたいけど、無理。

★ ¿Te quieres callar? は、直訳すると「君は黙りたいですか?」となるが、これで「黙っていてください」という、ちょっときつい命令を表す。te... callar は callarse（黙る）という再帰動詞の tú に対応する不定詞の形。

224 Que te calles.
[ケ・テ・カリェス]

CHECK ✓

▶ 黙れったら。

A: Cállate.
B: No quiero. Tengo que hablar.
A: **Que te calles.**

A：黙れ。 *B：やだよ。話があるんだから。 A：黙れったら。

★ 頼んだことを1度では受け入れてもらえないときは、"que + 動詞接続法" というパターンを使う。これで「…しろってば」のようなニュアンスが出る。

★ Cállate. は「黙れ」という普通の命令文だが、Que te calles. とすると、「さっきも言っただろう? 黙っててくれ」というイライラ感がうまく表せる。

225 No te preocupes.
[ノ・テ・プレオクペス]

CHECK ✓

▶ 心配ないよ。

A: No tardes mucho, cariño.
B: **No te preocupes.** Hasta luego, querida.

*A：あなた、遅くならないでね。
B：心配いらないよ。じゃ、行ってくるよ。

★ No te preocupes.（心配ないよ）というフレーズは、不安への応急処置として役立つ。¿Estás bien?（大丈夫?）と聞かれたら No te preocupes. そして Tengo un problema.（困ったなあ）と悩む人には No te preocupes. と声をかけてあげよう。

★ これは preocuparse（心配する、悩む）という動詞の tú に対する否定命令の形。usted に対しては No se preocupe. という形になる。

CAPÍTULO 4　101

226 **No metas las narices.**
[ノ・メタス・ラス・ナリセス]

▶ **首を突っ込むな。**

A: ¿Qué estáis haciendo?
B: Vete. **No metas las narices.**

*A: あんたたち、何をしてるの？
B: あっちへ行け。首を突っ込むなよ。

★関係のないことに関心を持って知ろうとすることを、日本語では「首を突っ込む」と言うが、スペイン語では meter las narices (鼻を突っ込む) となる。鼻の高い西洋人が顔を突き出すと、自然に鼻が目立つ態勢になるからだろう。narices と複数形になっているのは、左右の鼻の穴に注目して、鼻を1対の身体部位ととらえるからだ (⇒ 252)。

★metas は meter (入れる、突っ込む) の接続法現在形。ここでは否定命令の意味で使われている。

227 **No le hagas caso.**
[ノ・レ・アガス・カソ]

▶ **あいつの言うことなんか気にするな。**

A: Pero José dice que...
B: **No le hagas caso.**

*A: でもホセが言うには…。
B: あいつの言うことなんか気にするな。

★hacer caso (気にする、考慮に入れる) という熟語はとてもよく使うが、日本の学習者には盲点になりがちだ。"hacer (する) + caso (場合、ケース)" という、ベーシックな語の組み合わせでできているので、なかなか熟語だと見抜きにくい。

★ここでは、hacer を hagas という接続法現在形にして、le (彼に対して) を加えた否定命令の表現になっている。「彼 (の言うこと) を考慮するな」という意味だ。また、Hazme caso. (私の言うことを本気で聞いて) というフレーズも合わせて覚えておくと便利。

228 Vamos poco a poco.
[バモス・ポコ・ア・ポコ]
▶ あせらずに行こう。

A: Hay que hacerlo cuanto antes, ¿verdad?
B: Tranquilo, **vamos poco a poco.**

　　A: これ、できるだけ早くしなくちゃだめなんだよね？
　***B**: まあ落ち着いて。あせらずに行きましょうよ。

★poco a poco（少しずつ）。この発音するだけで愉快になる句から、Vamos poco a poco. という含蓄のあるフレーズが生まれる。vamos は ir（行く）の現在形。文全体で「私たちは少しずつ行こう」。あれもこれもと欲張らず、一歩ずつ着実に前進していこう、というのだ。

★これは日常表現だが、ことわざ Vísteme despacio, que tengo prisa.（急がば回れ；⇒ 408 ）と同じくらい深い言葉だ。かみしめて前進しよう。

★cuanto antes は「できるだけ早く」の意。

229 Que te mejores pronto.
[ケ・テ・メホレス・プロント]
▶ 早く元気になってね。

A: **Que te mejores pronto.**
B: Muchas gracias.

　***A**: 早く元気になってね。
　　B: どうもありがとう。

★"que ＋ 動詞接続法"は、「どうか…しますように」と願う気持ちを伝えることもできる。お見舞いの際の決まり文句「早く良くなってね」は、mejorarse（良くなる）という再帰動詞をこのパターンに入れて Que te mejores pronto. とすれば完成だ。

★ojalá [オハラ]（願わくば；⇒ 191 ）という単語を使って ¡Ojalá te mejores pronto! という文も作れるが、これは「（無理かもしれないが）できれば良くなってほしいのですが」という後ろ向きなニュアンスなので、お見舞いで使うのは禁物。

230 No he dicho nada.
[ノ・エ・ディチョ・ナダ]
▶ 今のは聞かなかったことにして。

A: ¿Cómo? ¿Salías con esa chica?
B: Oh, oh. **No he dicho nada.**

*A: えっ、前にあの女の子と付き合ってたの？
B: おっと、今のは聞かなかったことにしてくれない？

★前言を取り消すとき、日本語では「今言ったことは聞かなかったことにしてほしい」と、相手に頼む形をとるが、スペイン語では No he dicho nada. (私は何も言わなかった) と、過去そのものを消し去ってしまう。強引さがむしろいさぎよく感じられる。he dicho は decir (言う) の現在完了形、その前後の no... nada は「何も…しない」という否定の語句だ。

★salías は salir (出る；外出する) の線過去形 (⇒ 250)。

231 No hay pero que valga.
[ノ・アイ・ペロ・ケ・バルガ]
▶「でも」なんて言わないで。

A: ¿Ir a buscarte ahora? Pero...
B: **No hay pero que valga.** Te estoy esperando, ¿vale?

A: 今から迎えに来いって？ でも…。
*B: 「でも」なんて言葉のむだ。待ってるからね。

★これは、相手が Pero... (でも…) と、こちらの言うことに抵抗する姿勢を見せたとき、ピシャリと封じてしまうフレーズだ。直訳すると「意味のある pero (しかし) という言葉など、存在しない」となる。valga は動詞 valer (意味がある、値する) の接続法現在形。

★pero (でも)、perro (犬)、pelo (髪の毛) を区別して発音するのは難しいが、これを間違えては効果半減。舌先で1回ぱちんと弾く r の発音をしっかり練習しよう。

232 No me tomes el pelo.
[ノ・メ・トメス・エル・ペロ]

▶ からかわないで。

A : ¿Sabes que le gustas a Mario?
B : **No me tomes el pelo.**

    A : 知ってる？ マリオが君のこと好きだって。
   *B : からかわないでよ。

★No me tomes el pelo. は直訳すると「私の髪の毛を取らないで」ということだが、「冗談でしょ」「からかわないで」という意味のイディオム。かつて、罪を犯した人の髪を短く刈ってはずかしめたことに由来するとも言われている。

★なお、le gustas a Mario は「君はマリオに好意を寄せられている」の意。動詞 gustar（好かれる）は「好意を寄せられている」という穏やかなレベルの愛情を表している。もっと激しい愛は？ querer（愛する）で表現する（⇒ 237）。

233 ¿Por qué no te callas?
[ポル・ケ・ノ・テ・カリャス]

▶ ちょっと黙ってくれない？

A : Patatín, patatán. Patatín, patatán.
B : **¿Por qué no te callas?**

    A : ペチャクチャ、ペチャクチャ。
   *B : ちょっと黙ってくれないかなあ。

★Cállate.（黙れ！）という命令文はあまりにストレートだが、¿Por qué no te callas? と言えば角が立たない。「君はなぜ黙らないのか？」という形で、英語の Why don't you...? と同じく依頼の表現になる。このフレーズは、ある国際会議で、スペイン国王が、ベネズエラ大統領の暴言をたしなめるときに言ったひとこととして有名になった（⇒ 223）。

★Patatín, patatán. は「ペチャクチャ」に当たるユーモラスな擬声語。

CAPÍTULO 4

234 No te lo tomes tan a pecho.
[ノ・テ・ロ・トメス・タン・ア・ペチョ]
▶ そう真剣に悩まないで。

A: ¡La culpa es solo mía, solo mía!
B: **No te lo tomes tan a pecho.**

*A: 悪いのは私、みんな私のせいなの！
B: そう真剣に悩むなよ。

★tomarse a pecho という熟語を覚えよう。pecho は「胸」のことだから、「胸に取り込む」、つまり「真剣に受け止める」「本気にする」ことを表す。No te lo tomes tan a pecho. は、主語を tú にした否定の命令文で、直訳すると「君はそれをそんなに胸に取り込むな」となる。

CAPÍTULO 5

恋愛 フレーズ

恋人同士のラブラブな会話や、友達との
恋バナで使える表現が、このチャプターで学べます。
いかにもラテンらしい、情熱的な口説き文句も。

235 Cariño.
[カリニョ]

▶ いとしい人よ。

A : **Cariño**, ¿quieres café o té?
B : Te quiero a ti.

　A : いとしい君、コーヒーと紅茶（テ）、どっちがいい？
*B : あなた（テ）がいい。

★歯の浮きそうな愛のせりふを堂々と言えるのがラテンの特徴だ。恋人や夫婦の会話では、「ねえ、あなた」「ダーリン」のような感じで、cariño（愛情）という言葉を呼びかけに使う。ほかにも mi amor（私の愛）、querido, querida（愛する人［男性形・女性形］）など、愛情表現のレパートリーは尽きない（⇒ 245 ）。

★ここでは、Te quiero.（愛してる；⇒ 237 ）に té（紅茶）と te（君を）の言葉遊びを重ねている。あなたもこんなラブラブの会話を楽しんでみては？

236 ¡Mua!
[ムア]

▶ チュッ！

A : Te doy un beso. ¡Mua!
B : Deja, que nos ven.

　A : キスするよ。チュッ！
*B : やめてよ。人が見てるわ。

★「キス」は beso. キスをする音は、日本語では「チュッ」だが、英語では Smack!, そしてスペイン語ではなんと ¡Mua! と表現する。投げキスをするときに、¡Mua! と効果音（？）をつけることも多い。E メールでも「じゃあね。愛してる♡」のような感じで使うことがある（⇒ 21 ）。

★「キスをする」は besar, または dar un beso（キスを与える）と言う。Te doy un beso. は「与える」バージョン。「キスして」は Bésame. または Dame un beso. と言う。

237 Te quiero.
[テ・キエロ]

▶ 愛してる。

A : **Te quiero,** Bárbara.
B : Y yo a ti, Andrés.

> A : 愛してるよ、バルバラ。
> *B : 私もよ、アンドレス。

★「好かれる」という穏やかなレベルの愛を表す gustar に対して querer は「欲する；愛する」という情熱的な動詞。te (君を) + quiero (愛している) という語順でスペイン語流 I love you. のできあがり。

★ Y yo a ti. は「そして私は君を」という意味。ti は「君を」の強めの形で…、いや、やぼな解説は、このへんで…。

238 Puedes tutearme.
[プエデス・トゥテアールメ]

▶ 堅苦しい言葉づかいは、なしでいこう。

A : Hola, ¿cómo está usted?
B : Muy bien, pero **puedes tutearme.**

> A : こんにちは、お元気ですか？
> *B : 元気だよ。でも堅苦しい言葉づかいはやめてね。

★相手を usted (あなた) という代名詞で表しているうちは、まだよそよそしい間柄だ。「そろそろ tú (君) という言葉づかいをしてね」と言われたら、気の置けない関係になった証拠。その分岐点を表すのが Puedes tutearme. (君は私を tutear〈tú で呼ぶ〉してもいいよ) という文だ。

★ただし現代のスペインの若者は、初対面から相手を tú で呼ぶことが多く、この伝統的な通過儀礼もだんだんなくなりつつある。

239 ¡Qué mona!
[ケ・モナ]
▶ かわいいね！

A: Aquí tienes a mi hija.
B: ¡Ay, **qué mona**!

　　A: これがぼくの娘だよ。
　*B: わあ、かわいい！

★カップルに待望のベビー誕生！ 女の子だったら ¡Qué mona! (なんてかわいい！) と言ってほめよう。mona は「かわいい」の女性形。では男の子なら？ そう、男性形 mono を使って ¡Qué mono! となる。私たちの耳には「けもの！」のように聞こえるが、これを口にするスペインの人はまったく悪気はない。なお、いずれの表現も、主に子どもに対して使う。

★なお、ベビーの性別が分からないときは、¡Qué monada! (何というかわいらしさ！) という表現も便利。

240 ¿Quieres casarte conmigo?
[キエレス・カサールテ・コンミゴ]
▶ ぼくと結婚してくれる？

A: ¿Quieres casarte conmigo?
B: ¿Lo estás diciendo en serio?

　　A: ぼくと結婚してくれる？
　*B: それ、本気で言ってるの？

★直球勝負のプロポーズをするなら、¿Quieres casarte conmigo? で行こう。quieres は querer (…したい) の現在形。"quieres + 動詞原形" の疑問文は「…してくれないか」と、人にものを頼む文になる。casarte は casarse (結婚する；⇒ 241) の tú に対応する形。conmigo は「私と」。

★ほかに ¿Quieres vivir conmigo? (ぼくと一緒に暮らさないか？) という求婚フレーズもある。

241 ¡Voy a casarme!
[ボイ・ア・カサールメ]

▶ 私、結婚するの！

A: Este anillo quiere decir que...
B: ¡Sí, **voy a casarme**!

   A: こんな指輪をしてるとこを見ると…。
  *B: そう、私、結婚するの！

★「結婚する」は、casarse という再帰動詞を使う。これは casa (家) という語が元になった語で、「新所帯を持つ」といったニュアンスから来ているらしい。ここでは、yo を主語にして、ir a ... (…するつもりだ) の構文になっている。

★「…と結婚する」は casarse con... となる。では力試し。「私、ハビエルと結婚するの！」は？ そう、¡Voy a casarme con Javier! で正解だ。

242 Me dio calabazas.
[メ・ディオ・カラバサス]

▶ 振られちゃった。

A: Ayer Carmen **me dio calabazas**.
B: ¡No me digas! ¿Otro desengaño?

   A: 昨日カルメンに振られたんだ。
  *B: 何ですって？ また失恋？

★「異性の求愛を拒絶する」ことは「calabazas を与える」と言う。calabaza は、ヒョウタン、カボチャなどを指す。ヒョウタンの実が空洞状態であることから、「中身がないこと」「役に立たないこと」を表すようになった。ここでは me dio (彼女は私に与えた) と過去形になっている。

★また、この表現は「試験に落第させる」という意味にもなる。

243 Tuve un flechazo.
[トゥベ・ウン・フレチャソ]
▶ 一目ぼれした。

A: **Tuve un flechazo** con ella nada más conocerla.
B: ¿Otra vez?

　A：ぼくは彼女に出会って、一目で好きになったんだ。
　*B：また？

★flechazo は「flecha（矢）で射られること」、転じて「キューピッドの矢でハートを射られること」「一目ぼれ」を指す。「…に一目ぼれする」は tener un flechazo con... という形で表す。tuve は tener の点過去形。

★nada más conocerla は「彼女を知ってすぐに」の意。¿Otra vez? (また？) は相手にあきれたときの表現。

244 ¡Eres un sol!
[エレス・ウン・ソル]
▶ あなたってすてき！

A: ¡Eres un sol!
B: Y tú un encanto.

　*A：あなたって、すてきね！
　B：君も最高だよ。

★¡Eres un sol! ——「君は1つの太陽です！」。さすが太陽の国！ これがスペインのほめ言葉だ。この表現は女性が男性に向かって使うケースが多いそうだが、恋愛以外なら、Tu tío es un sol. (君のおじさんはいい人だね)、¡Qué sol de niña! (なんてかわいい女の子だ！) など、男性も使う。

★Y tú un encanto. は tú の後に eres が省略された文で、直訳すると「そして君は1つの魅力だ」となる。ちょっと気恥ずかしい文だ。

245 Pastelillo de fresa.
[パステリリョ・デ・フレサ]
▶ ねえ、ハニー。

A : ¿Vamos a dormir, **pastelillo de fresa**?
B : ¡Sí, terroncito de azúcar!

　A：そろそろ寝ようか、ハニー？
*B：そうね、ダーリン！

★ 歯の浮きそうな愛情表現の極致をご紹介しよう。相手をpastelillo de fresa（イチゴのケーキちゃん）と呼ぶのだ。pastelilloはpastel（ケーキ）に縮小辞-illoが付いた形で、「小さな愛らしいケーキ」を表す。

★ こう言われた相手は、terroncito de azúcar（角砂糖ちゃん）と呼び返す。terroncitoはterrón（塊）の縮小辞形、azúcarは「砂糖」。食べ物の「甘さ」と言葉の「甘さ」が連動するのは、スペインでも同じだ。

246 Me dejó plantado.
[メ・デホ・プランタド]
▶ 待ちぼうけ食わされちゃった。

A : ¡Qué triste estás! ¿Qué te ha pasado?
B : Es que ayer mi novia **me dejó plantado.**

*A：悲しそうだね。どうしたの？
　B：夕べ、彼女に待ちぼうけ食わされちゃったんだ。

★ 彼女がちっとも待ち合わせ場所に現れず、空しく待ちぼうけ。こんな状況は、Me dejó plantado. と表現する。dejóはdejar（…の状態にする）の点過去形、plantadoはplantar（植え付ける）の過去分詞。つまり「彼女は私を根の生えた状態にした」ということだ。

★ 花束を持ったまま、地面に根の生えた状態になっているのは、かなりつらい。待たされた人が女性の場合は、plantadaと女性形にして使う。

CAPÍTULO 5

247 Sois dos tortolitos.
[ソイス・ドス・トルトリトス]
▶ ラブラブなんだね。

A : ¡Él y yo somos muy felices!
B : **Sois dos tortolitos.**

*A : 彼と私、とても幸せ！
B : 君たち、ほんとにラブラブだね。

★ツグミという小鳥をスペイン語では tórtola と言う。そこから生まれた tortolitos という言葉は「愛し合っている 2 人」という意味になる。Sois dos tortolitos. を直訳すると「君たちは 2 羽のツグミだ」。転じて「ほんとに仲がいいね」「ラブラブだね」ということ。

★単数形 tortolito は、Su marido es un tortolito.（彼女の夫は彼女にべた惚れだ）のように、「ある女性に恋する男性」の意味にもなる。

248 Espero que te guste.
[エスペロ・ケ・テ・グステ]
▶ 気に入ってもらえるといいけど。

A : Esto es un regalo para ti. **Espero que te guste.**
B : ¡Qué collar tan precioso! ¡Claro que me gusta!

A : 君へのプレゼントだよ。気に入ってもらえるといいけど。
*B : わあ、すてきなネックレス！ もちろん気に入ったよ。

★贈り物を手渡すときは、Espero que te guste.（気に入ってもらえるといいんだけど）のひとことを添えたい。espero は esperar（願う）の現在形、te は「君に」、guste は gustar（気に入る）の接続法現在形。合わせて「私はそれが君の気に入ることを願います」となる。

★贈り物をもらった人は、その場で包装を開けて ¡Claro que me gusta!（もちろん気に入りました）のように答えれば、贈った人も、もらった人もハッピー！ また、"¡qué ＋ 名詞 ＋ tan ＋ 形容詞!" は「なんて～な…だろう！」という感嘆文。

249 Te echo de menos.
[テ・エチョ・デ・メノス]
▶ 会えなくて寂しいよ。

A: **Te echo de menos.** Y lo digo sinceramente.
B: Y yo a ti, querida.

*A: 会えなくて寂しいわ。心の底からそう思ってるのよ。
B: ぼくもだよ。

★「君に会えなくて寂しい」は電話やEメール、手紙での必須フレーズ。英語では I miss you. だが、スペイン語では Te echo de menos. と、少し長くなる。echar de menos (…の不在を寂しく思う) というイディオムを使うからだ。

★再会できたときは、動詞を線過去形にして Te echaba de menos. (君に会えなくて寂しかったよ) となる。「彼 [彼女] に会えなくて寂しい」の場合は te を lo (彼)、la (彼女) に代えれば OK。

250 Salgo con ese chico.
[サルゴ・コン・エセ・チコ]
▶ 私、あの人と付き合ってるの。

A: Lo siento. Es que **salgo con ese chico.**
B: Ah, ¿sí? Pues olvida lo que te he dicho.

*A: ごめんなさい。私、あの人と付き合ってるの。
B: ああ、そうなんだ。じゃ、さっき言ったことは忘れて。

★ salir (出かける) という基本動詞は、それだけで「男女が交際する」という意味にもなる。Salgo con ese chico. は「私は彼と外出する」なのか、「私は彼と付き合っている」なのか、文脈で判断しなければならない。

★ Ese chico quiere salir conmigo. (私はあの人に告白された)、Llevamos un año saliendo. (私たちは付き合って1年になる) など、salir を使えば恋愛フレーズはどんどん作れる！

251 Se me ha declarado.
[セ・メ・ア・デクララド]
▶ 告白されちゃった。

A: Carlos **se me ha declarado**.
B: ¡Anda! ¿Y qué le has contestado?

*A: カルロスに告白されちゃった。
 B: そうなんだ！ で、何て返事したの？

★declararse という再帰動詞は「自分を表明する」、つまり「愛の告白をする」という意味を表す。これを現在完了形に活用させて Se me ha declarado. とすると、「彼〔彼女〕は私に愛の告白をした」という文が完成する。

★「ゆうべ告白された」のように、いつの出来事なのかまで表現したい場合は、Anoche se me declaró. と、動詞を点過去形にしよう。

252 Estoy hasta las narices.
[エストイ・アスタ・ラス・ナリセス]
▶ もううんざりだ。

A: **Estoy hasta las narices** de ti, Carmen.
B: Y yo de ti, José.

 A: カルメン、もう君にはうんざりだ。
*B: 私もあなたにうんざりなんだけど、ホセ。

★ラブラブだった2人に危機が！ 互いに「もううんざり！」、さあ、これをスペイン語では？ なんと「私は narices（鼻）まで来ている」と表現する。「来ている」のは「怒り、不満の感情」。「鼻」が複数形になるのは、「鼻の穴」に焦点が当たっているから（⇒ 226 ）。「鼻の2つの穴まで不満がこみあげている」という一触即発の状態だ。

253 Él y yo cortamos.
[エル・イ・ヨ・コルタモス]
▶ 私、彼とは別れたの。

A: Te veo muy triste. ¿Pero no estás con Pedro?
B: Es que **él y yo cortamos** la semana pasada.

 A: 悲しそうだね。ペドロと一緒じゃないの？
*B: 私、先週、彼と別れたの。

★破局を迎えた2人を表すフレーズも紹介しよう。cortar（切る）という動詞を使って、Él y yo cortamos.（彼と私は〈縁が〉切れた）のように表現する。文中の cortamos は現在形と同じ形だが、ここでは点過去形で使われている。

★なお、Te veo muy triste. は「私は君を、とても悲しい様子だと見出す」、つまり「君は悲しそうに見える」という意味（⇒ 190 ）。

254 ¡Que seáis muy felices!

[ケ・セアイス・ムイ・フェリセス]

▶ お幸せに！

A : Nos vamos a casar el mes que viene.
B : ¡Cuánto me alegro! **¡Que seáis muy felices!**
A : Gracias.

 A：ぼくたち来月結婚するんだ。
 *B：良かったね！ お幸せに！
 A：ありがとう。

★2人の門出を祝福する定番は ¡Que seáis muy felices! (君たちがとても幸せでありますように！) というフレーズ。seáis は ser の接続法現在形、vosotros に対応する形だ。felices は feliz (幸せな) の複数形。語形がいちいち複数形なのがラブラブ感を増す。

★nos vamos a casar は casarse (結婚する；⇒ 241) を "ir a ＋ 動詞原形"(…するつもりだ) の形にした表現。

255 Tengo cita con mi novio.

[テンゴ・シタ・コン・ミ・ノビオ]

▶ 彼とデートなの。

A : ¿Vienes con nosotros al concierto?
B : No puedo. Es que esta noche **tengo cita con mi novio.**

 A：ぼくたちとコンサートに行かない？
 *B：だめ。今夜は私、彼とデートなの。

★「…とデートする」は tener cita con... (…と会う約束がある) と言う。「私は恋人 (男性) とデートをする」は Tengo cita con mi novio. と言う。「恋人」が女性なら novia となる。

★cita は「会う約束」なので、常に「デート」を指すとは限らない。Tengo cita con el dentista a las siete. (7時に歯医者に診察の予約を入れてある) のような、ムードゼロの cita もある (彼氏が歯科医なら話は別だが)。

256 Espero a mi príncipe azul.

[エスペロ・ア・ミ・プリンシペ・アスル]

▶ **私の理想の男性を待ってるの。**

A: Espero a mi príncipe azul.
B: ¿Y si ese soy yo?

*A: 私、理想の男性が現れるのを待ってるの。
B: それがぼくだったら？

★人は常に新たな恋を求める。「理想の男性」「白馬に乗った王子さま」をスペイン語ではpríncipe azul（青い王子さま）と言う。おとぎ話の王子さまの衣装はブルー系だから、という説と、高貴な血筋をsangre azul（青い血）と言うから、という説がある。Espero a mi príncipe azul. は「私は、私の青い王子さまを待っている」ということだ。

★一方、男性は、理想の女性のことをEres un sol.（君は太陽だ）、Eres un cielo.（君は大空だ）などと、思いつく限りの賛辞で表現する（⇒ 244 ）。

257 Has salido a tu padre.

[アス・サリド・ア・トゥ・パドレ]

▶ **君はお父さん似だね。**

Hijo: Mamá, no sé ni sumar ni restar.
Madre: Has salido a tu padre.

子: ママ、足し算も引き算も分からないよ。
*母: それは父親ゆずりね。

★子どもが父親似か母親似か、という話題にはsalir（出る）という動詞が欠かせない。salir a... という簡単な形で「…に似て生まれる」という意味が表せる。「君は君の父親［母親］に似て生まれた」なら、salirを現在完了形にしてHas salido a tu padre [madre]. と言えばOK。

★我が子に取り得があれば、「それは私の遺伝」。悪いところは「夫のせい」。お母さん、そんな星取り勘定はやめて、早く坊やにsumar（足す）やrestar（引く）を教えてあげれば？

118　CAPÍTULO 5

258 Es infiel a su marido.

[エス・インフィエル・ア・ス・マリド]

▶ 彼女は浮気している。

A : ¿Has oído? Dicen que Lola **es infiel a su marido.**
B : ¡No me digas! Si parecen tan buena pareja…

   *A : 聞いた？ ロラは浮気してるんだって。
   B : 何だって？ あんなにお似合いの2人なのに…。

★「浮気をする」を表すのにスペイン語では infiel (忠実でない) という形容詞を使う。Es infiel a su marido. は「彼女は彼女の夫に対して忠実でない」という意味だ。何だか天罰が下りそうな重々しさがある。

★¡No me digas! (何だって?) については、⇒ 110。

259 Rompí con ella hace tiempo.

[ロンピ・コン・エリャ・アセ・ティエンポ]

▶ あの子とは、とっくの昔に別れたよ。

A : ¿Estás saliendo con esa chica todavía?
B : ¡Qué va! **Rompí con ella hace tiempo.**

   *A : まだあの人と付き合ってるの？
   B : とんでもない！ とっくの昔に別れたよ。

★「恋人と別れる」というときの「別れる」は cortar (切る；⇒ 253) のほかに、romper con... という形でも表せる。「…との間が壊れる」という意味だ。ここの rompí は点過去形。hace tiempo は「ずっと前に」。文全体で「私は彼女とずっと前に別れた」となる。

★salir con... は「…と付き合う」の意 (⇒ 250)。

260 No puedo vivir sin ti.

[ノ・プエド・ビビール・シン・ティ]

▶ 君なしでは生きられない。

A : **No puedo vivir sin ti.** Necesito que me quieras.
B : ¿Por qué no se lo pides a otra chica?

   A : 君なしでは生きられない。ぼくを愛してくれないか。
   *B : ほかの誰かに頼めば？

★「君なしでは生きられない」というスタンダードな口説き文句をスペイン語で言ってみよう。「私は生きられない」は no puedo vivir,「君なしでは」は sin ti. 合わせて No puedo vivir sin ti. の完成だ。

★また、Necesito que me quieras. は「私は君が私を愛することを欲している」という強引なラブコール。

261 Eso se lo dirás a todas.
[エソ・セ・ロ・ディラス・ア・トダス]
▶ 誰にでも言ってるんでしょ。

A : ¡Estás radiante!
B : Eso se lo dirás a todas.

 A : 今日の君は輝いてるね！
 *B : 誰にでもそんなこと言ってるんでしょ。

★ラテン系の男性は女性をほめるのが使命だと心得ているから、みんな大変なほめ上手だ。女性のほうも額面どおり受け取ったりせず、「お上手ね。ほかの女性にもそう言ってるんじゃないの？」と返すのが、お約束。

★これは Eso se lo dirás a todas.（君はそれを全ての女性に言うのだろう）と表現する。dirás は decir（言う）の未来形で推量を表している。se lo の部分は「彼女らにそれを」ということで、se（彼女らに；les の変形）は a todas（全ての女性に）と、lo（それを）は eso（それ）と同じ内容を重複して表している。

262 No debes nadar entre dos aguas.
[ノ・デベス・ナダール・エントレ・ドス・アグアス]
▶ ふたまたは良くないよ。

A : No sé qué voy a hacer. Quiero a Eva, pero también me cae bien Lola.
B : No debes nadar entre dos aguas.

 A : 困ったな。エバを愛してるんだけど、ロラも捨てがたい。
 *B : ふたまたは良くないよ。

★2人の彼女、または彼氏と同時に付き合う、という状態を日本語では「ふたまたをかける」などと言うが、スペイン語では nadar entre dos aguas（2つの水の間を泳ぐ）と表現する。うまく泳ぎきれないと、悲劇が待っている。「水の間をいったいどう泳ぐのか？」というツッコミは、この際なしということで。

★この熟語は恋愛以外にも、「それぞれにあいまいな態度をとる」という意味で使える。ここでは、この熟語に no debes（君は…すべきではない）がプラスされている。

★caer bien は「…にいい印象を与える」の意。

263 Y fueron felices y comieron perdices.

[イ・フエロン・フェリセス・イ・コミエロン・ペルディセス]

▶ そして２人はいつまでも幸せに暮らしましたとさ。

A : ¿Y se casaron por fin?
B : Sí, y "**fueron felices y comieron perdices**".

　A : で、２人はやっと結婚したの？
　*B : うん。「そしていつまでも幸せに暮らしました」ってわけ。

★Y fueron felices y comieron perdices. は恋する２人が結ばれる物語の決まり文句。fueron は ser の点過去形、felices は feliz（幸せな）の複数形。だから前半は「そして彼らは幸せになった」という意味になる。

★comieron は comer（食べる）の点過去形、perdices は perdiz（ウズラ）の複数形。だから後半は「そして彼らはウズラを食べた」。これは単に調子を整えるための言葉遊びで、意味はない。

264 ¿Has encontrado a tu media naranja?

[アス・エンコントラド・ア・トゥ・メディア・ナランハ]

▶ もうお相手は見つかった？

A : ¿Has encontrado a tu media naranja?
B : Sí, abuela. ¡Por fin!

　*A : もうお相手さんは見つかった？
　B : うん、おばあちゃん。ついに見つけたんだ！

★media naranja（オレンジ半分）は、「非常に相性のいい人」「人生の伴侶」という決まり文句。英語の better half に当たる。でも、お似合いの２人を、オレンジの半分ずつに喩えるとは、さすがにバレンシア・オレンジを産するお国柄だ。

★「相手は見つかったか」「結婚はまだか」と周囲が気をもむのは、洋の東西を問わない。sí という答えをもらって、おばあちゃんも安心だろう。

★has encontrado は encontrar（見つける）の現在完了形。

CAPÍTULO 5　121

265 Vais a tener un niño, ¿no?

[バイス・ア・テネール・ウン・ニニョ・ノ]

▶ 赤ちゃんができたんだって？

A: Vais a tener un niño, ¿no? ¡Felicidades!
B: Gracias. Estoy más contenta que unas castañuelas.

   A: 君たち、赤ちゃんができたんだって？ おめでとう！
 *B: ありがとう。私、とても幸せなの。

★幸せな2人に、まもなくエンジェル到来。そんな相手には Vais a tener un niño, ¿no?（君たちは子どもを持つことになるんだね？）と声をかけよう。赤ちゃんの性別が分からないときは、とりあえず niño（男の子）を使う。

★Estoy más contenta que unas castañuelas. は直訳すると、なんと「私は castañuelas（カスタネット）よりも幸せだ」となる。フラメンコの国スペインでは、カスタネットは「陽気さ」「明るさ」「幸せ」の代名詞なのだ。

266 Si la belleza fuera pecado, tú no tendrías perdón.

[シ・ラ・ベリェサ・フエラ・ペカド・トゥ・ノ・テンドリアス・ペルドン]

▶ 美しさが罪なら、君は許されない。

A: Si la belleza fuera pecado, tú no tendrías perdón.
B: ¡Ay, qué piropo más bonito, mi amor!

   A: 美しさが罪なら、君は許されないね。
 *B: すてきなほめ言葉！

★これぞラテンの真骨頂。男性は女性を、歯の浮くような言葉でほめあげる。belleza は「美しさ」、pecado は「罪」、perdón は「許し」。fuera は ser の接続法過去形、tendrías は tener（持つ）の過去未来形だ。

★3人連れの女性が通りを歩くと、見知らぬ男性から ¡Ahí vienen las Tres Gracias!（おや、三美神が通る！）などと声をかけられる。これを piropo（ほめ言葉）という。だがこの習慣は、性の平等の上で問題があるので、だんだんすたれている。

CAPÍTULO 6

遊び・グルメ フレーズ

友達と遊びに出かけたり、
食事に行ったり、買い物したり。
そんな場面で役立つ表現を集めました。
パーティーやナイトライフを楽しむ表現も、
スペイン語での必須アイテム。

267 ¡Tiempo!
[ティエンポ]

▶ はい、そこまで！

A: Tres, dos, uno, ¡tiempo!
B: ¿Ya? Necesitamos más tiempo para pensar.

*A: 3、2、1、はい、そこまで！ 時間です。
B: もう？ もっと考える時間がほしいよ。

★クイズなどの制限時間の終了を知らせる「はい、そこまで！」は、スペイン語では ¡Tiempo!（時間！）と、ごくあっさり表現する。辞書で調べても載っていないが、言われてみれば何でもない、コロンブスの卵的フレーズだ。

★なお、正解者の優劣を競うクイズ番組は concurso（コンクール）と言う。スペインのテレビのクイズ番組は視聴者参加型が主流だが、一般の人でも、芸能人なみにノリのいい人が多くて楽しい。

268 ¡Patata!
[パタタ]

▶ はい、チーズ！

A: ¡Mira qué iglesia más bonita!
B: Sí. Te voy a sacar una foto. ¡Patata!

*A: 見て、すてきな教会だね。
B: そうだね。君の写真を撮ろう。はい、チーズ！

★写真を撮るときの決まり文句は ¡Patata!（ジャガイモ！）。こう発音すれば、口が明るく開いた構えになって、自然な笑顔が写せるというわけだ。「はい、チーズ！」のiの笑顔の口元と、どちらが好感度の高い写真になるだろうか？

★¡Treinta y tres!（33!）という、iの発音をねらった言い方もある。また、¡Mira al pajarito!（小鳥ちゃんを見て！）と言ってカメラのほうに注目させる、古典的な撮影方法もある。

269 ¡Salud!
[サルー]
▶ 乾杯！

A: Venga, vamos a brindar.
B: Sí, ¡salud!

*A: さあ、乾杯しましょう。
B: そうだね。乾杯！

★乾杯のかけ声は、スペイン語では ¡Salud! と言う。「健康」、つまり「健康を祝して」という意味だ。「ウ」の部分にアクセントをかけて、ろうそくを吹き消すときのように唇を丸めて発音しよう。

★くだけた場面では、¡Chin, chin! ということもある。グラスとグラスが当たるときの音を模した表現だ。

270 ¡Ánimo!
[アニモ]
▶ 元気を出して！

A: ¡Ah, voy a perder!
B: ¡**Ánimo,** Andrea, que vas a ganar!

*A: ああ、とても勝てないよ！
B: アンドレア、元気を出せ！ きっと勝てる！

★試合の声援などで活躍するフレーズが ¡Ánimo! これは「魂、心」という名詞だが、そのままで「元気を出せ！」の意味で使える。これは目の前でがんばっている相手を励ます「がんばれ！」に当たる。

★さらに que vas a ganar (君は勝つだろうから)、que ya llegaremos (私たちはもう少しで到着するから)のように、ポジティブな言葉を補えば、効果抜群。

271 ¡Tachán!
[タチャン]
▶ ジャーン！

A: ¡**Tachán!** ¿Qué te parezco?
B: ¿Te has cortado el pelo? Pues te cae muy bien.

*A: ジャーン！ どう、私？
B: 髪、切ったの？ すごく似合ってるよ。

★相手の受けをねらって登場を盛り上げる「ジャーン！」。スペイン語では ¡Tachán! と言う。「チャン」の部分にアクセントをかけて、やや伸ばし気味に発音しよう。¡Tachán, tachán! とテンポ良く繰り返せば、一層盛り上がる。

★parezco は parecer (思われる) の現在形、caer bien は「似合う」の意。

CAPÍTULO 6

272 ¡Enhorabuena!
[エノラブエナ]
▶ おめでとう！

A: ¡Viva! ¡Por fin he ganado!
B: ¡**Enhorabuena**, Rafael!

　A：ばんざい！ とうとう勝ったぞ！
＊B：ラファエル、おめでとう！

★「おめでとう」は2通りの言い方がある。スポーツの試合に勝ったり、テストに合格したりなど、努力が報われた人には、¡Enhorabuena!（ご成功おめでとう！）と言う。また、誕生日、記念日などを祝福する場合は ¡Felicidades!（幸せを祈ります！）と言う。

★では、結婚する人には？ ¡Felicidades! が普通だが、「高嶺の花の相手をやっと口説き落として結婚にこぎつけたような場合には ¡Enhorabuena! と言うかも」と主張するスペイン人もいる。

273 ¡Sorpresa!
[ソルプレサ]
▶ わっ！

A: ¡Hola! ¿Pero no hay nadie?
B: ¡**Sorpresa**!

＊A：こんにちは。あれ、誰もいないの？
　B：わっ！

★誰かをびっくりさせたいとき、私たちは「わっ！」と意味のない声を上げるが、スペイン語では ¡Sorpresa!（驚き！、びっくり！）と叫ぶのが常道だ。

★ほかにも驚きのひとこととして、アイススケートで転倒しそうなときに、¡Virgen Santísima!（汚れなき聖母マリアさま！）と叫ぶ人さえいる。そのエネルギーをスケーティング技術の向上に向ければ？　という気もする。

274 ¡Gol!
[ゴル]

▶ ゴール！

A : ¡Ahí va el balón! ¡Ahora!
B : ¡Gol, gol!

> *A： ボールが行った！ 今よ！
> B： ゴール、ゴールだ！

★ ご存知のとおり、スペインは世界に冠たるサッカー王国。大きな試合のテレビ中継が始まると、誰もがテレビ観戦するので、市街はすっかり人通りが絶えてしまう。

★ そして得点が入ると、あちこちの家から ¡Gol! という絶叫が響いてくる。gol は英語の goal から入った外来語だ。実況中継のアナウンサーはlの音を長く伸ばして ¡Gollll! [ゴルー] と叫ぶ。この発音が難しければ、¡Gol, gol, gol! と短く何度も繰り返しても良い。要は楽しく盛り上がることだ。

275 ¡Aúpa!
[アウパ]

▶ よいしょ！

Bebé : Atata, atata...
Madre : Ya puedes levantarte solito. ¡**Aúpa,** mi nene!

> 赤ちゃん： パブパブ。
> *母： もう1人で立てるでしょ。ほら、がんばって！

★ 相手に力を出させる「よいしょ！」というかけ声は、スペイン語では ¡Aúpa! と言う。「ウ」にアクセントをおいて発音する。赤ちゃんに「立っち」させるときや、物を持ち上げるときの「どっこいしょ！」、さらにはスポーツの声援で「がんばれ！」と言いたいときにも使える。また、「抱っこして！」という意味で小さな子どもが大人に向かって言うこともある。

★ Atata, atata... は赤ちゃんの片言を表す擬声語。

CAPÍTULO 6　127

276 ¿Te animas?
[テ・アニマス]
▶ やってみない？

A: Vamos a practicar el *puenting*. ¿Te animas?
B: ¡Ni lo sueñes!

　A：バンジージャンプ、やろうよ。君もどう？
*B：とんでもない！

★「…しようよ」と誘うときは、¿Te animas? と言おう。animarse（自分にやる気を与える、やる気がする）という再帰動詞の現在形で、「君は、やってみる気がありますか？」ということだ。この動詞は¡Ánimo!（元気を出して！；⇒ 270 ）と関係している。

★なお、*puenting*（バンジージャンプ）は、puente（橋）に英語の -ing を付けてできた、おもしろい合成語。

★¡Ni lo sueñes! は「とんでもない」「まさか」の意。sueñes は soñar（夢を見る；想像する）の接続法現在形。

277 ¿Me cobra?
[メ・コブラ]
▶ お勘定をお願いします。

A: ¿Me cobra?
B: Sí, señorita. Uno con treinta.

*A：お勘定をお願いします。
　B：はい、1ユーロ30センティモです。

★bar では、店員に声をかけて支払いをする。¿Me cobra? はそんなときの必須フレーズ。cobrar（取り立てる）という動詞を使った「あなたは私から取り立てますか？」という意味。きつく聞こえるかも知れないが、bar ではとてもよく使う。La cuenta, por favor.（お勘定をお願いします）というビギナー表現に飽き足りない人は、ぜひこれを覚えて試してみよう。

★なお、uno con treinta は un euro con treinta céntimos（1ユーロ30センティモ）の貨幣単位を略した形（⇒ 101 ）。

278 ¡Otra, otra!
[オートラ・オートラ]
▶ アンコール、アンコール！

A: ¡Bravo! ¡Fenomenal!
B: ¡Otra, otra!

　A: ブラボー！ 最高だ！
*B: アンコール、アンコール！

★すばらしいコンサートだった。観客は ¡Plas, plas!（パチパチ）という拍手とともに、¡Bravo!（ブラボー！）と声援を送る。

★アーティストがいったん舞台の袖に退場する。観客はアンコールを要求する。このときは、¡Otra, otra! と、o の部分を伸ばし気味に、リズムをつけて叫ぶのが決まりだ。otro（別の、ほかの）を女性形にするのは、otra vez（もう1回）の vez（回）を略しているため。あなたも ¡Otra, otra!（もう1回、もう1回！）とスペイン語でアンコールを要求してみよう。

279 ¡Que aproveche!
[ケ・アプロベチェ]
▶ おいしく召し上がれ。

A: ¡Hola, chicos! ¡Que aproveche!
B: Gracias.

　A: やあ、君たち。楽しい食事を！
*B: ありがとう。

★レストランで食事を済ませ、店を出ようとほかの客の横を通るとき、¡Que aproveche! と言うのがエチケット。「どうぞおいしい食事を楽しんでください」という気持ちを伝える表現だ。

★aproveche は aprovechar（役に立つ）という動詞の接続法現在形。相手が2人以上でも、tú に対する場合でも、この形で使う。主語が「あなた」や「君」ではなく、「この食事（の機会）」だからだ。「この食事の機会が有益でありますように」というハートフルなフレーズ。

280 ¿Falta alguien?
[ファルタ・アルギエン]

▶ みんなそろった？

A: ¿Ya vamos, o **falta alguien**?
B: Pues... ah, todavía no está Pepe.

> A: 出発するよ。もうみんなそろったかな？
> *B: えーと、あっ、ペペがまだみたい。

★みんなで集まって何かをするときの必須フレーズ、「みんなそろったかな？」。スペイン語では ¿Falta alguien? という言い方をよくする。falta は faltar (欠ける、足りない) の現在形、alguien は「誰か」。合わせて「誰かまだ来ていない人はいますか？」という意味。

★全員そろっている場合は、No falta nadie. (欠けている人は誰もいません) と答える。

281 ¡Feliz Navidad!
[フェリス・ナビダー]

▶ メリー・クリスマス！

A: **¡Feliz Navidad!**
B: Gracias, igualmente.

> *A: いいクリスマスを！
> B: ありがとう。君もね。

★英語の Merry Chirstmas! に当たるのが ¡Feliz Navidad! これはクリスマス当日だけでなく、祝日も間近なうきうき気分の日々に使うことが多い。こう言われたら、Igualmente. (あなたも同様に) と返すのが普通。

★Navidad (クリスマス) の部分を Año Nuevo (新年) に代えて ¡Feliz Año Nuevo! とすれば、「よいお年を！」、または「あけましておめでとう！」になる。次の年越しカウントダウンでは、ぜひこう叫んでみよう。

282 ¡Feliz cumpleaños!

[フェリス・クンプレアニョス]

▶ 誕生日おめでとう！

A: **¡Feliz cumpleaños**, Beatriz! Es un regalo para ti.
B: Ay, muchas gracias.

　　A: ベアトリス、誕生日おめでとう！ はい、プレゼント。
　*B: わあ、どうもありがとう。

★¡Feliz cumpleaños! は英語の Happy birthday! と同じ語、同じ語順だから簡単だ。cumpleaños (誕生日) という語は "cumplir (満了する) + años (年齢を)" が一体化して生まれた語で、単数形でも s が付く。

★Es un regalo para ti. (これは君へのプレゼントです) も、合わせて覚えておこう。

283 ¡Mucha suerte!

[ムチャ・スエルテ]

▶ がんばって！

A: Mañana voy a presentarme a una entrevista.
B: ¿Ah, sí? Pues **¡mucha suerte!**

　*A: 明日、面接を受けるんだ。
　　B: そうなんだ。じゃあ、がんばって！

★日本語の「がんばって！」は、スペイン語では、多くの場合 ¡Mucha suerte! (たくさんの幸運を！) と表現するのがふさわしい。運頼みの他力本願的な発想で、相手にプレッシャーをかけなくてすむ。

★¡Mucha suerte! と言われたら、Gracias. (ありがとう) で受けるのが普通だが、Es lo que necesito. (確かに私は幸運を必要としています) という答え方も可能。

284 ¿Algo más?

[アルゴ・マス]

▶ お買い上げは以上ですか？

Dependiente: **¿Algo más**, señora?
　　Clienta: No, nada más.

　　店員: 奥さん、ほかにお買い上げはありませんか？
　　*客: ええ、もうありません。

★スペインで買い物をするときは、ほしいものを1つずつ順を追って言えばいい。店員が必ず ¿Algo más? (もっと何か？) と聞いてくれるからだ。もう買うものがなければ、No, nada más. (それだけです) と答える。

★スペインでは、スーパーでも肉や魚の売り場は対人式の場合が多い。会話しながらショッピングを楽しもう。

CAPÍTULO 6　131

285 ¡Que te diviertas!
[ケ・テ・ディビエルタス]
▶ 楽しんで来てね！

A: Esta tarde voy a un concierto al aire libre.
B: ¡Qué envidia! ¡**Que te diviertas**!

> *A: 今日の夕方、野外コンサートに行くんだ。
> B: いいなあ！ 楽しんで来てね！

★「今からコンサートに行くんだ」「映画を見に行くんだ」のような、楽しいプランを打ち明けられたら、¡Que te diviertas! というひとことでリアクションしよう。"que＋動詞接続法"のパターンに divertirse（楽しむ）という動詞を当てはめたフレーズ。

★また、¡Qué envidia!（直訳すると「何といううらやましさ！」）をセットで使うと、あなたの好感度はさらにアップ！

286 Vamos a escote.
[バモス・ア・エスコテ]
▶ 割り勘にしよう。

A: Bueno, ¿vamos?
B: Sí. Hoy **vamos a escote**. ¿Vale?

> *A: じゃあ、出ようか？
> B: うん。今日は割り勘でいい？

★割り勘で支払いたいときは、Vamos a escote. と提案すれば OK。escote は「分担金」という意味。pagar（支払う）という動詞を入れて、Vamos a pagar a escote. と言ったり、a medias（半分ずつ；平均して）という句を使って、Vamos a pagar a medias. と言ったりもできる。

287 ¡Vámonos de juerga!
[バモノス・デ・フエルガ]
▶ 飲みに行こう！

A: Hoy es viernes. ¡**Vámonos de juerga**!
B: No me tientes. Es que estoy sin blanca.

> *A: 今日は金曜日だよ。遊びに行こう！
> B: ああ、誘惑しないでくれ。金欠なんだ。

★週末の夜、待ちかねたように人々は街に繰り出し、juerga、つまり飲んだり踊ったりして、ナイトライフを楽しむ。その幕開けのフレーズが ¡Vámonos de juerga!（お祭り騒ぎをしに行こう！）だ。vámonos は irse（行ってしまう）の活用形 vamos ＋ nos が一体化した形で「行こうぜ」のような意味だ。

★tientes は tentar（誘惑する）の接続法現在形。blanca は古いお金の名称。

288 Preparados, listos…, ¡ya!
[プレパラドス・リストス・ヤ]
▶ 位置について、よーいドン！

A: ¡Ganaré esta carrera!
B: **Preparados, listos…, ¡ya!**

*A: このレースは勝つわ！
B: 位置について、よーいドン！

★かけっこや陸上競技の「位置について」は preparados、「よーい」は listos、「ドン」は ya と言う。「準備して、支度して、今だ！」という意味だ。

★ランナーが女性の場合でも、preparados, listos という男性複数形を使うのが一般的。さあ、あなたも戸外に出て、スペイン語を使っていい汗をかこう！

289 ¡Únete a nosotros!
[ウネテ・ア・ノソトロス]
▶ 仲間に入りなよ。

A: Vamos, Begoña. **¡Únete a nosotros!**
B: Bueno, déjame pensar.

A: ねえ、ベゴーニャ、ぼくたちの仲間に入れよ！
*B: そうだな、ちょっと考えさせて。

★誰かをグループに入れたいときは、このフレーズを使おう。únete は unirse（1 つになる、加盟する）という再帰動詞の命令法。文全体で「君も私たちと 1 つになりなさい」ということだ。

★「グループ」を表す言葉は、club（クラブ）や pandilla（仲間）などがある。「一員」のほうは miembro（メンバー）、socio（会員；女性形は socia）など。いい仲間を見つけて楽しく過ごそう。

290 Quedamos en eso.
[ケダモス・エン・エソ]
▶ じゃあそうしよう。

A: Si hace buen tiempo, vamos al parque de atracciones.
B: Muy bien. **Quedamos en eso.**

*A: いい天気だったら遊園地に行きましょう。
B: いいね。じゃあそうしよう。

★楽しい計画を取り決めるときに欠かせないのが quedar という動詞。この動詞は「残る、とどまる」を表すのが基本だが、「取り決める」という意味でもよく使う。Quedamos en eso. と言えば「私たちはそのように取り決める」、つまり「じゃあ、それで決まり」ということになる。

★ほかにも、¿En qué quedamos? (どうしようか？)、¿Dónde quedamos? (どこで待ち合わせようか？) など、quedar は友達と約束するときに大活躍する。

291 ¡Qué buena pinta!
[ケ・ブエナ・ピンタ]
▶ おいしそう！

A: ¡**Qué buena pinta** tienen estas albóndigas!
B: Las hice yo. ¡Sírvete, papá!

A: この肉だんご、おいしそうだね。
*B: 私が作ったんだ。パパ、食べて！

★おいしそうな食べ物を見たとき、思わず口にしたくなるフレーズが、¡Qué buena pinta! (直訳すると「なんていい外見だ！」という意味)。ここでは、その後に tienen estas albóndigas (これらの肉だんごは持っている) という句が続いている。ここでは tener (持つ) は主語に合わせて複数形だが、食べ物が1つの場合は、¡Qué buena pinta tiene esta tarta! (このケーキはなんておいしそうなんだ！) のように、動詞は単数形 tiene になる。

★sírvete は再帰動詞 servirse (〈料理を〉自分で取って食べる) の命令法。英語の Help yourself. に当たる。

CAPÍTULO 6

292 Está muy bueno.
[エスタ・ムイ・ブエノ]

▶ おいしいねえ。

A : ¡Ñam, ñam! Este melón **está muy bueno**.
B : ¡Sí, qué rico!

> **A**：ムシャムシャ！ このメロンはおいしいねえ。
> *B：うん、絶品だね！

★Está muy bueno. (おいしいねえ) と声に出して言うと、食べ物のおいしさは倍増する。está は estar の現在形。「(それは) とても良い状態だ」という意味だ。上の会話のように主語を付けてももちろん OK。

★¡Qué rico! (なんておいしい！) という言い方もある。巻き舌に自信がある人は、こちらも使って表現に変化をつけよう。

★¡Ñam, ñam! は食べ物を口にほおばるときの擬声語で、日本語なら「ムシャムシャ」というところ (⇒ 97)。

293 Uno de cada.
[ウノ・デ・カダ]

▶ 1 つずつください。

Dependienta : ¿Qué dónut le pongo?
　　Cliente : Póngame **uno de cada**.

> *店員：どのドーナツにしましょう？
> 客：1 種類につき 1 個ずつください。

★どの味も捨てがたいので、全種類 1 つずつ買いたい。こんなとき、Uno de cada. (それぞれ 1 つ) と言えば店の人は分かってくれる。cada (それぞれの) の後に何も付けないのは乱暴な気がするが、これで OK。商品が女性名詞のものの場合は Una de cada. となる。

★「それぞれ 2 つずつください」なら？ これも簡単。Dos de cada. となる。つい余分に買い物したくなる危険なフレーズだ。

CAPÍTULO 6

294 ¡Que llueva, que llueva!

[ケ・リュエバ・ケ・リュエバ]

▶ 雨々降れ降れ！

A : ¿Te has comprado unas botas de lluvia? Son preciosas.
B : Sí, ¿verdad? **¡Que llueva, que llueva!**

　A：レインシューズを買ったの？　すてきだね。
＊B：でしょ？　雨々降れ降れ！

★ "que ＋ 動詞接続法" のパターンに llover（雨が降る）という動詞を入れると、「雨々降れ降れ」という雨乞いのフレーズになる。

★これは誰でも知っている童謡の一節。¡Que llueva, que llueva! ¡La Virgen de la Cueva! ¡Los pajaritos cantan, las nubes se levantan! ...（雨々降れ降れ！　洞窟の聖母マリアさま！　小鳥は歌い、雲は湧き起こる！　…）のような歌詞で、子どもたちが手をつないで輪になって歌う。

295 Anoche empiné el codo.

[アノチェ・エンピネ・エル・コド]

▶ ゆうべは飲み過ぎた。

A : Te veo muy pálido. ¿Qué te pasa?
B : Es que **anoche empiné el codo,** y me siento mal.

＊A：顔色が悪いよ。どうしたの？
　B：ゆうべ飲み過ぎて、気分が悪いんだ。

★ empinar el codo を「ひじを持ち上げる」と直訳しても、何のことか見当もつかない。これは「酒をたくさん飲む」という意味。porrón というスペイン独特の容器を高く持ち上げて、口に酒を注ぎこむ風習に由来する。empiné は empinar（持ち上げる）の点過去形。

★なお、Te veo muy pálido. は「私は君を青ざめた状態で見出す」という形の文（⇒ 190）。「君、顔色が悪いよ」という意味でよく使う。

296 Te doy una pista.
[テ・ドイ・ウナ・ピスタ]
▶ ヒントをあげよう。

A : ¡Qué pregunta más difícil!
B : ¿No sabes contestarla? Pues **te doy una pista.**

　　A：この問題むずかしすぎるよ！
　　*B：分からない？ じゃあヒントをあげましょう。

★クイズをして遊ぶときの必須フレーズ「ヒントをあげよう」は、Te doy una pista. と言う。doy は dar（与える）の現在形、pista は「足跡；ヒント」のことだから、「私は君にヒントを与える」という意味。

★「ヒントをちょうだい」は、Dame una pista. と言えばいい。「問題」は pregunta、「解答」は solución. これでスペイン語でクイズをして遊べる！

297 Tengo una agenda apretada.
[テンゴ・ウナ・アヘンダ・アプレタダ]
▶ 予定がいっぱいだ。

A : ¿No te conviene el lunes? ¿Pues qué tal otros días?
B : Tampoco. Es que **tengo una agenda** muy **apretada.**

　　A：月曜は都合が悪いって？ じゃあほかの日ならどう？
　　*B：それもだめ。予定がびっしり詰まってるの。

★「私は忙しい」は、Tengo una agenda apretada.（私はぎっしり詰まったスケジュール帳を持っている）という形で表現できる。agenda は「スケジュール帳」、apretada は動詞 apretar（詰める）の過去分詞で、agenda に合わせて女性形になっている。

★なお、conviene は convenir（都合がいい）という動詞の現在形。

298 ¿Dónde está el servicio?
[ドンデ・エスタ・エル・セルビシオ]
▶ お手洗いはどこですか？

A : Por favor, **¿dónde está el servicio?**
B : Al fondo a la izquierda.

　　A：すみません。お手洗いはどこですか？
　　*B：突き当たりを左です。

★これは外出先での必須フレーズ。スペインでは「公衆トイレ」は servicio, aseo などと言う。家庭のお手洗いはバスルームにあるので、baño（浴室）という言葉で表す。

★男性用は caballeros（紳士）、女性用は damas（淑女）と表示されていることが多い。あまりなじみのない単語なので、お間違えなきよう。

CAPÍTULO 6　137

299 Hoy te invito yo.
[オイ・テ・インビト・ヨ]
▶ 今日はおごるよ。

A: Vamos de marcha. **Hoy te invito yo.**
B: ¿Te ha tocado la lotería?

　　A: もう1軒行こう。今日はぼくがおごるよ。
　*B: 宝くじでも当たったの？

★「おごる」をスペイン語で言うと？ これは invitar（招待する）で簡単に表現できる。Hoy te invito yo.（今日は私は君を招待します）、これで「今日は私のおごりです」になる。「私」を強調するために主語 yo を省かず、文の最後に置くのがポイント。

★なお、ここでは marcha という語が「楽しく過ごすこと、お祭り騒ぎ」の意味で使われている。「マーチ、行進」ではない（⇒ 304）。

300 ¡Un, dos! ¡Un, dos!
[ウン・ドス・ウン・ドス]
▶ 1、2! 1、2!

A: Vamos a dar una vuelta por el campo.
B: **¡Un, dos! ¡Un, dos!**

　*A: さあ、グラウンドを1周よ。
　　B: 1、2! 1、2!

★かけ声の「1、2! 1、2!」は ¡Un, dos! ¡Un, dos! と言う。「1」は本来の uno ではなく、o を落とした un という形を使う。そのほうがずっと言いやすい。やってみればすぐ納得できるはず。

★なお、「止まれ!」は ¡Alto!、「右向け、右!」は ¡Derecha, ya!、「左向け、左!」は ¡Izquierda, ya! と言う。

301 ¿Qué jaleo es este?
[ケ・ハレオ・エス・エステ]
▶ これはいったい何の騒ぎ？

A: ¿Qué pasa? **¿Qué jaleo es este?**
B: Estamos celebrando una fiesta. Acompáñanos.

　*A: どうしたの？ これはいったい何の騒ぎ？
　　B: パーティーをしてるんだ。君もおいでよ。

★jaleo は「騒ぎ、騒動」という意味。飲めや歌えのどんちゃん騒ぎも、デモ隊と警察の衝突事件も jaleo で表せる。

★¿Qué jaleo es este? は読んで字のごとく「これは何の騒ぎ？」。Se arma un gran jaleo. は「大騒ぎを起こす」という意味になる。

302 ¿Quién es el último?
[キエン・エス・エル・ウルティモ]
▶ 最後尾は誰ですか？

A: ¡Qué cola! Perdón, ¿**quién es el último**?
B: Yo.

*A：すごい行列！　すみません。列の最後の方はどなたですか？
B：ぼくです。

★銀行や郵便局や、はやっている店に入ると、そこには長蛇の列。そんなときは、自分が誰の次なのか、言葉に出して確認しないと、順番を飛ばされてしまう。¿Quién es el último?（最後尾は誰ですか？）と言えば、必ず誰かが Yo.（私です）と答えてくれる。

★特定の人に ¿Es usted el último?（あなたが最後尾ですか？）と尋ねることもできる。女性に対しては ¿Es usted la última? と女性形にすることを忘れないようにしよう。

303 Me gusta este tema.
[メ・グスタ・エステ・テマ]
▶ この曲、好き。

A: Escucha. Está cantando el famoso dúo.
B: Sí. A mí **me gusta este tema.**

A：聞いて。これ、有名なデュオの歌だろ。
*B：そうだよ。私、この曲、好き。

★音楽を話題にするときに欠かせないのが、tema という語。a で終わっているが、男性名詞で、「主題、テーマ」のほかに、「楽曲」という意味がある。だから「この曲、好き」は Me gusta este tema. と言うのがいちばん自然。ここに música（音楽）という語を充てると、「クラシック」「ロック」などのジャンルの話になってしまうので注意しよう。

★また、tema は「…のこと」くらいの軽い意味でも使える。例: Este taller no trabaja el tema de las bicis.（この修理工場は自転車のことは扱っていない）。

CAPÍTULO 6

304 ¡Nos vamos de marcha!
[ノス・バモス・デ・マルチャ]
▶ 飲みに行こう！

A : ¡Nos vamos de marcha!, ¿de acuerdo?
B : Hoy no puedo, porque mañana tengo un examen.

　A：さあ、飲みに行こう！ いい？
＊B：今日は無理。明日テストがあるんだもん。

★marcha（マーチ、行進）には、「酒を飲んで楽しむこと」という意味もある。夜の盛り場へと「行進」するわけだ。¡Nos vamos de marcha! は形は平叙文だが、「さあ、行くぞ！」という調子で言えば、相手を誘う文として使える。nos vamos は再帰動詞 irse（行ってしまう）の現在形。vamos だけでも OK（⇒ 299 ）だが、nos を付けると本気度が増す。

★ほかに ¡Nos vamos de copas!（何軒も飲み歩こう！）や、¡Vamos a la juerga!（夜の遊びに繰り出そう！）など、ナイトライフを楽しむフレーズは多彩だ（⇒ 287 ）。

305 Y de repente, ¡zas!
[イ・デ・レペンテ・サス]
▶ そしたら突然、パッと…。

A : Y de repente, ¡zas!, se fue la luz. Se quedó en la más absoluta oscuridad.
B : ¡Por favor! Ya sabes que a mí no me gustan las historias de terror.

　A：そしたら突然、パッと明かりが消えた。あたりは真の暗闇。
＊B：やめて！ 私が怪談が苦手なの知ってるくせに。

★¡zas! という擬声語がある。「パッ！」「サッ！」のような、にわかな変化を表す。上の例では、y de repente（すると突然）と se fue la luz（明かりが消えた）の間にポンと置かれている。「パッと」の「と」のようなつなぎ言葉がなくて、何だか物足りない気もするが、これが定番。

★この続きは、Y ¡zas!, apareció un fantasma.（するとフッと幽霊が現れた）といったところか。

306 ¡No te lo pierdas!
[ノ・テ・ロ・ピエルダス]
▶ お見逃しなく！

Presentadora : ¡Mañana emitiremos un programa especial de deportes!
Presentador : ¡No te lo pierdas!

*女性司会者：明日はスポーツ特別番組をお送りします。
男性司会者：お見逃しなく！

★テレビでよく耳にする「お見逃しなく！」は、¡No te lo pierdas! と言う。perder（失う）の接続法現在形 pierdas に、強調の再帰代名詞 te と「それを」を表す lo を付けてできた文で、「君はそれを絶対見逃すな！」という意味。「それを」は男性名詞 programa（番組）を受けるので、男性形の lo になる。

★なお、「ではここでコマーシャルです」は、Y ahora, ¡la publicidad! と言う。自分で言う機会はなくても、聞くチャンスは毎日ある。

★emitiremos は emitir（放送する）の未来形。

307 ¿Lo estás pasando bien?
[ロ・エスタス・パサンド・ビエン]
▶ 楽しんでる？

A : ¡Hola! ¿Lo estás pasando bien?
B : Sí, genial. Es una fiesta muy animada.

A：やあ。どう？ 楽しんでる？
*B：うん、とても。にぎやかなパーティーだね。

★「楽しく時を過ごす」ことを pasarlo bien（それを良く過ごす）と言う。lo（それを）は「雰囲気」のようなものを漠然と指している。これを現在進行形にして ¿Lo estás pasando bien? とすると、「どう？ 楽しんでる？」と、映画に登場する外国のパーティーのようなムードが出る。

★なお、アメリカ合衆国のスペイン語では、英語の have a good time を直訳した tener buen tiempo（良い時を持つ）という言い方をする。

CAPÍTULO 6

308 Esta es tu casa.
[エスタ・エス・トゥ・カサ]
▶ どうぞくつろいでね。

A: Bienvenido. **Esta es tu casa.**
B: Muchas gracias. ¡Qué casa tan preciosa!

   *A: いらっしゃい。どうぞくつろいでね。
    B: どうもありがとう。すてきな家だね。

★お客さんを家に招いたときの決めぜりふは、Esta es tu casa.(これは君の家です)。なんともストレートな温かい表現だ。まだあまり親しくない人がお客さんの場合は、tu(君の)を su(あなたの)に代えて Esta es su casa. とすれば OK。

★Estás en tu casa.(君は君の家にいるんだよ)とも言う。

309 ¿Me pone una caña?
[メ・ポネ・ウナ・カニャ]
▶ 生ビールをください。

A: ¡Hola!
B: ¡Hola! **¿Me pone una caña?**

    A: いらっしゃいませ。
   *B: こんにちは。生ビールをお願いします。

★スペインの bar は、喫茶店と居酒屋を兼ねている。いろいろな世代の男女が気軽に訪れる、自宅の居間の延長のような空間だ。ここで何かを注文するときに役立つのが ¿Me pone...?(あなたは私に…を置きますか?)という形。poner(置く)という動詞を使うところがポイント。..., por favor.(…をお願いします)だけでなく、この表現も使ってみよう。

★なお、caña は本来「管」のことだが、転じて「細長いグラス」、さらにそれに注ぐ「生ビール」も表すようになった。

310 Aquí hay de todo.
[アキ・アイ・デ・トド]
▶ ここには何でもある。

A : ¡Qué grande es este centro comercial!
B : Sí, **aquí hay de todo.**

　　A : このショッピングセンターは大きいねえ！
　*B : うん、ここなら何でもそろうよ。

★Aquí hay de todo. は「ここには全てがある」の意。de という前置詞を使うのがポイント。

★このフレーズは具体的な商品などだけでなく、「何でもあり」のような比喩的な意味でも使える。例：En el Premio Nobel hay de todo.（一口にノーベル賞と言っても、いろいろある）。

311 Has llegado justo a tiempo.
[アス・リェガド・フスト・ア・ティエンポ]
▶ ちょうどいいときに来たね。

A : ¡Hola! ¿Ya habéis empezado la fiesta?
B : ¡Qué va! **Has llegado justo a tiempo.**

　*A : こんにちは！　もうパーティー始まってる？
　　B : とんでもない！　ちょうどいいときに来てくれたね。

★「ジャストのタイミングで」は justo a tiempo と言う。英語の just on time に当たる。「君はちょうどいいときに来たね」なら、llegar（着く）の現在完了形を使って Has llegado justo a tiempo. となる。駅に着いたらちょうど電車が来た、というようなときには ¡Justo! だけでも「ちょうど間に合った」の意味になる。

★なお、誰かの家に招待されたときは、ちょっと遅れて行くのがエチケット。あまり justo a tiempo に着くと、まだ準備ができていないこともある。

312 No me da la gana.
[ノ・メ・ダ・ラ・ガナ]
▶ 気乗りしない。

A : ¿Vas a la fiesta de esta noche?
B : No, **no me da la gana.**

　　A : 今夜のパーティーには行くの？
　*B : ううん、気乗りしないから。

★「そんな気分じゃない」「気が乗らない」という状況は、No me da la gana. というフレーズで伝えられる。da は dar（与える、生じる）の現在形、gana は「欲望」。合わせて「私には欲望が生じない」となる。

★No me da la gana de ir a la fiesta.（パーティーに行くのは気乗りしない）のように、後に de... を加えれば、何がしたくないのか具体的に伝えられる。

313 Un día es un día.
[ウン・ディア・エス・ウン・ディア]
▶ たまには羽目をはずさなくちゃ。

A : No quiero helado. Estoy a dieta.
B : Vamos, **un día es un día.**

　*A : アイスクリームは欲しくない。ダイエット中なの。
　　B : たまにはいいじゃん。

★Un día es un día.（1日は1日である）という、当たり前のことを述べるフレーズは、実はとても便利。「何をしても1日限りのことだ」「1日くらい、いつもはしないことをしてもいいじゃないか」「まあ、固いことを言わないで」という誘いの言葉として、酒やタバコなどをすすめるときによく使う。

★Estoy a dieta. は「私はダイエットをしている」の意。食べ物の誘惑に打ち勝つには、この魔法のフレーズを使おう。

314 Están llamando a la puerta.
[エスタン・リャマンド・ア・ラ・プエルタ]
▶ 玄関のベルが鳴ってるよ。

A: Están llamando a la puerta.
B: ¿Quién será a estas horas?

*A: 玄関のベルが鳴ってるよ。
B: こんな時間に誰だろう？

★玄関の呼び鈴が鳴り、誰かが来た様子。こんなときは Están llamando a la puerta.（彼らがドアで呼んでいる）と表現する。están llamando は llamar（呼ぶ）の現在進行形。訪問者が1人なのか2人以上なのか分からなくても3人称複数形を使うところがポイント。

★これは「不定人称」という用法だ。電話が鳴ったときも Están llamando al teléfono.（直訳は「彼らは電話で呼んでいる」）と言うことができる。

★será は ser の未来形で、ここは推量の意味を表す。

315 No viene en el mapa.
[ノ・ビエネ・エン・エル・マパ]
▶ 地図に載ってないよ。

A: Ese pueblo no viene en el mapa.
B: Míralo bien. ¿No lo estás tapando con tu dedo?

*A: そんな村、地図に載ってないよ。
B: よく見ろよ。指で隠してるんじゃないか？

★地図やガイドブック、インターネットなどを利用して、旅行のプランを立てるのは楽しいもの。そんなときによく使うのが「地図に載っている」「案内書に出ている」という表現。これには venir（来る）という動詞を使う。Ese pueblo no viene en el mapa. ——つまり「その村は地図に来ていない」という形で、「地図に出ていない」という意味が表せる。

★ほかに Esa noticia viene en el periódico de hoy.（そのニュースは今日の新聞に出ている）のように、このフレーズはいろいろ応用できる。

CAPÍTULO 6

316 Nos hemos quedado sin gasolina.
[ノス・エモス・ケダド・シン・ガソリナ]
▶ ガス欠だ。

A : ¡Dios mío! **Nos hemos quedado sin gasolina.**
B : ¿En medio del campo? ¿Qué vamos a hacer?

　A：おっと、ガス欠だ。
＊B：野原のどまん中なのに？ どうするつもり？

★「ガソリンがない」を hay (…がある) や tener (持つ) を使って表すのはビギナー。quedarse sin (…なしの状態でいる) という表現を使うと、とたんにネイティブっぽく聞こえる。nosotros を主語にして、現在完了形で表せば、Nos hemos quedado sin gasolina. のできあがり。

★Me he quedado sin dinero. (私はお金を使い切っちゃった)、Me he quedado sin sal. (塩を切らしてしまった) のように、いろいろ応用がきく。

317 Voy al centro con mis amigos.
[ボイ・アル・セントロ・コン・ミス・アミゴス]
▶ みんなで街に遊びに行くんだ。

A : Adiós, mamá. **Voy al centro con mis amigos.**
B : Ten cuidado y regresa temprano.

　A：お母さん、じゃあね。みんなで街に遊びに行くんだ。
＊B：気をつけて早く帰りなさい。

★「街に遊びに行く」をスペイン語に訳すのは意外に難しい。「街」は centro (中心街、ダウンタウン)。また「遊ぶ」は ir (行く) を使う。jugar (遊ぶ) は「(スポーツ、遊戯、ゲームなどをして) 遊ぶ」の意味なので、ここでは不適当。結局、ir al centro (中心街に行く) が正解となる。

★スペインはナイトライフを楽しむ文化が定着しているので、みんな帰宅が遅い。お母さんが Ten cuidado. (気をつけて) と言いたくなるのも無理はない。

318 Esta es la película más taquillera.

[エスタ・エス・ラ・ペリクラ・マス・タキリェラ]

▶ **この映画がいちばんはやってる。**

A: Dicen que **esta es la película más taquillera** de los últimos años.
B: ¿Ah, sí? Entonces, vamos a verla.

*A: この映画、ここ数年でいちばんのヒット作なんだって。
B: へえ。じゃあ、これを見ようよ。

★「はやっている」「人気がある」は estar de moda という句で表すのが普通だが、映画や演劇の場合は taquillero という言葉も使える。taquilla（切符売り場；その売上金）から生まれた語で、「切符売り場での売上げが多い」といった意味だ。全体を直訳すると、「これは切符売り場での売上げが最も多い映画だ」となる。「切符売り場に行列のできる映画」「すごくヒットしている映画」というわけだ。

319 No te quedes en la puerta, entra.

[ノ・テ・ケデス・エン・ラ・プエルタ・エントラ]

▶ **玄関に立ってないで、どうぞ入って。**

A: ¡Hola, Carmen!
B: **No te quedes en la puerta, entra.**

A: カルメン、こんにちは。
*B: 玄関に立ってないで、どうぞ入って。

★訪問客を家の中に招き入れるときの最も簡単な言い方は Entra.（入って）だが、ここに No te quedes en la puerta.（ドアのところにじっとしていてはいけない）というフレーズを加えると、さらに良くなる。きついようで、実は思いやりのある表現だ。

★この文の te quedes の部分は quedarse（とどまる）という動詞の接続法現在形。ここでは打ち消しの命令の意味で使われている。

320 ¡Vamos a montar una fiesta a lo grande!
[バモス・ア・モンタール・ウナ・フィエスタ・ア・ロ・グランデ]
▶ 盛大なパーティーを開こう！

A: Hemos pasado el ecuador.
B: ¡Pues **vamos a montar una fiesta a lo grande**!

*A: 大学生活も、残り半分になったね。
 B: よし、ここはひとつ盛大なパーティーを開こう！

★ 「盛大にパーティーを開こう！」と提案したいとき、動詞は hacer（する）でもいいが、montar（乗せる；企画する）を使うと現地の人っぽい感じが出る。「盛大に」は a lo grande（大きく）。合わせて ¡Vamos a montar una fiesta a lo grande! となる。

★ なお、ecuador は、ここでは「赤道」や南米の国名「エクアドル」のことではなく、「学業の中間地点」を指す。スペインの大学生は3～4年生に進級するころに、ecuador と称してパーティーをしたり、みんなで旅行をしたりする、楽しい習慣がある。

321 ¡A la de una, a la de dos, y a la de tres!
[ア・ラ・デ・ウナ・ア・ラ・デ・ドス・イ・ア・ラ・デ・トレス]
▶ 1、2の3！

A: Vamos a cantar.
B: ¡Sí! ¡**A la de una, a la de dos, y a la de tres**!

*A: さあ、歌いましょう。
 B: よーし、1、2の3！

★ 「1、2の3」というかけ声はスペイン語で？ 単に Uno, dos, tres. と数を並べても通じるが、現地の人が実際に使うのは A la de una, a la de dos, y a la de tres. という形。la は定冠詞だが、この文では特に指すものがない。これは知らないと、ちょっと思いつかない表現だ。

★ 「1、2の3で行くからね」は、A la de tres, ¿eh? と言う。「1、2の」は省いて「3で行くよ」で済ませるわけだ。

148　CAPÍTULO 6

CAPÍTULO 7

ビジネス フレーズ

ビジネスシーンやフォーマルな場面で
使えそうな表現を集めました。
覚えておくと便利な、
丁寧なニュアンスの表現も入っています。

322 ¿Se puede?
[セ・プエデ]
▶ 入ってもいいですか？

CHECK✓

A : ¿Se puede?
B : Adelante. Hola, señora García. La esperaba.

*A : 入ってもいいですか？
 B : どうぞ。ガルシアさん、ようこそ。お待ちしていました。

★ドアをノックして、「入ってもいいですか？」――これは ¿Se puede? という短いフレーズで表現できる。se は「一般に人は…する」という意味なので、「一般に人は、できますか？」にしかならないが、状況から「入ることができますか？」という意味だと解釈してもらえる。

★se を使うことによって、「私」個人のことではなく、一般論として述べることになり、丁寧で改まったニュアンスが生まれる点に注意しよう。

★esperaba は esperar（待つ）の線過去形。その前の la は、ここでは「あなた（女性）を」の意。

323 Que pase.
[ケ・パセ]
▶ お通ししてください。

CHECK✓

A : Ha venido la señorita Rubio a verle.
B : Que pase.

*A : ルビオさんがお見えです。
 B : お通ししてください。

★上司が秘書に「お客さまに、この部屋に通っていただきなさい」と指示する場合、スペイン語では Que pase. のひとことで済む。pase は pasar（通る）の接続法現在形。"que + 接続法" で、第三者に対する命令の文になる。

★Que entre.（入ってもらいなさい）、Que espere un momento.（ちょっと待ってもらいなさい）のように、指示を出すときに便利な表現が、このパターンでどんどん作れる。

★"a + 動詞の原形" で「…するために」の意。a verle は「あなた（男性）に会うために」ということ。

324 Ahora mismo.
［アオラ・ミスモ］
▶ **すぐやるよ。**

A: Miguel, ¿me echas una mano?
B: Sí, **ahora mismo.**

*A: ミゲル、手を貸してくれる？
B: OK。すぐ行くよ。

★用を頼まれて快く引き受けるときや、呼びつけられて「はーい、ただ今参ります」と明るく答えるときは、Ahora mismo. の出番。ahora（今）に mismo（同じ）という強めの語がついて、「まさに今」という感じだ。

★echar una mano は「手を貸す」という、日本語そっくりの熟語。

325 Me apunto.
［メ・アプント］
▶ **私、やります。**

A: ¿Hay algún voluntario que quiera hacer este trabajo?
B: ¡**Me apunto!**

*A: 誰かこの仕事をやってくれるボランティアは、いませんか？
B: ぼく、やります！

★「誰か、したい人は？」と聞かれたときの「私、やります」は、どう表現する？ Yo lo hago.（私がそれをします）では、何だか物足りない。こんなときは再帰動詞 apuntarse（加わる、参加する）を使って Me apunto. と言えばいい。

★Me apunto a ese trabajo.（私、その仕事やります）のように、後に句を続けることもできる。

326 ¡Buen trabajo!
［ブエン・トラバホ］
▶ **よくやったね！**

A: ¡**Buen trabajo!** No sé cómo me las hubiera podido arreglar sin ti.
B: Ni yo sin ti. Hacemos un buen equipo juntos.

A: よくやった！ 君なしではこの件はとても処理できなかったよ。
*B: 私もあなたなしじゃ無理。私たち、いいチームだね。

★¡Buen trabajo! は、仕事のでき具合をほめるときに最適な表現。「良い仕事！」、つまり英語の Good job! と同じ形で覚えやすい。「お疲れさま！」というノリでも使える。

★hubiera podido は poder（…できる）の接続法過去完了形。「とても…できなかっただろう」と過去を回想するときに使う。

CAPÍTULO 7　151

327 **Cuenta conmigo.**
[クエンタ・コンミゴ]
▶ 任せて。

A: ¿Estás dispuesta a ayudarme?
B: Sí, **cuenta conmigo.**

 A: ぼくを手伝ってくれるの？
 *B: うん、私に任せて。

★cuenta は contar という動詞の命令法。contar con... で「…に頼る」という意味を表す。conmigo は con (…と) と mí (私) が合体した形なので、文全体では「私に頼りなさい」という、とても頼もしいフレーズになる。

★¿Estás dispuesta a ayudarme? を直訳すると、「君は私を手伝う用意がありますか？」の意。estar dispuesto a... (…する用意がある) という表現が使われている。ここでは、主語 tú が姉御肌の女性なので、dispuesta と女性形になっている点をチェックしよう。

---

328 **Tiene enchufe.**
[ティエネ・エンチュフェ]
▶ コネがあるんだって。

A: ¿Qué? ¿Paco ha conseguido trabajo en esa empresa?
B: Sí. Parece que **tiene** un buen **enchufe,** porque si no...

 A: えっ、パコがあの会社に就職できたって？
 *B: うん。いいコネがあるみたいだね。でなきゃ…。

★「縁故採用」「コネ」のことを enchufe と言う。これは元々、電気器具の「コンセント」を表す言葉だ。なるほど、コンセントに接続すれば電源からの恩恵を無限に受けられる。

★Tiene enchufe. は「彼はコネを持っている」という形だ。un buen enchufe (1つの良いコネ) というふうに、enchufe の前に要素を追加することもできる。

329 Cuando usted quiera.

[クアンド・ウステ・キエラ]

▶ どうぞ始めてください。

Moderadora : Señor Pérez, **cuando usted quiera.**
Conferenciante : Muchas gracias. Señoras y señores, buenos días.

*司会者：ペレスさん、ではよろしくお願いします。
　講演者：はい、分かりました。皆さま、おはようございます。

★プレゼンテーションなどをする人に、「どうぞ始めてください」と促すときは、Cuando usted quiera.（あなたがお好きなときに）と言う。quieraはquerer（欲する）の接続法現在形。この発想は、なかなか思いつかない。「語り出すタイミングは、あなたにお任せします」という形になった、一種の敬語なのだ。

★Cuando usted pueda.（あなたが可能なときに）と言うこともできる。これらは、司会をする人の必須フレーズ。

330 No corre prisa.

[ノ・コレ・プリサ]

▶ 急ぎの用ではありません。

A : Le prepararé el borrador en un cuarto de hora.
B : Tranquilo. Este asunto **no corre prisa.**

　A：15分で原案を作成します。
*B：安心して。この件はそんなに急がないから。

★仕事の中には、急を要するものと、後回しでも構わないものがある。急ぐものは"correr（走る）+ prisa（急ぎ；⇒ 211 ）"という組み合わせの熟語で表し、急がないものは、これに no を付けて表す。つまり Este asunto no corre prisa. は「この件は急を要するものではない」という意味になる。

★なお、borrador（原案）は、informe（報告書）、factura（請求書；インボイス）などと並ぶ、ビジネスの必須語彙。

CAPÍTULO 7

331 ¿Qué garantías ofrecen?

[ケ・ガランティアス・オフレセン]

▶ どんな保証がありますか？

A : ¿Qué garantías ofrecen?
B : Garantizamos el producto durante un período de cinco años.

*A : どんな保証がありますか？
B : 商品を5年間保証いたします。

★保証やアフターサービスに関する商談で役立つ表現がこちら。garantías は garantía（保証）の複数形、ofrecen は ofrecer（提供する）の現在形。主語 ustedes が省略されている。つまり、全体では「あなた方はどんな保証を提供しますか？」ということ。

★garantizamos は garantizar（保証する）の現在形、período は「期間」という意味。

332 Si le parece...

[シ・レ・パレセ]

▶ よろしければ…。

A : Si le parece, entregamos la mercancía el mes que viene.
B : ¡Perfecto!

A : よろしければ、来月、商品の引き渡しをさせていただきます。
*B : それはありがたいですね。

★Si le parece... は直訳すると「もしそれがあなたに思えるなら」となる。parece は parecer（思える）の現在形だ。「いったいどう思えるのだろう？」などと悩んでいると、商機を逸してしまう。これは後に bien（良く）が略されていて、「良いと思われるのなら」、つまり「よろしければ」を表す定型フレーズなのだ。

333 Si es tan amable...

[シ・エス・タン・アマブレ]

▶ お手数ですが…。

A : Si es tan amable, ¿puede firmar aquí?
B : Sí, cómo no.

*A : お手数ですが、ここにサインをいただけますか？
B : はい、分かりました。

★Si es tan amable... を直訳すると「もしあなたがそれほど親切なら…」となる。このフレーズは何かを丁寧に頼むときの前置き表現。「お手数ですが…」「すみませんが…」といったニュアンスで、これだけで単独で使うことも多い。

334 Permítame que me presente.
[ペルミタメ・ケ・メ・プレセンテ]

▶ **自己紹介させていただきます。**

A: **Permítame que me presente.** Me llamo Ana López, del Banco de Bellota.
B: Mucho gusto, señorita López.

*A: 自己紹介いたします。ドングリ銀行のアナ・ロペスと申します。
B: ロペスさん、どうぞよろしく。

★フォーマルな自己紹介なら、これがおすすめ。permítame は permitir (許す) の接続法現在形と me (私に) をつないだ形 (⇒ 197)。その後にまた me が出るが、これは「私を」の意味。最後の presente は presentar (紹介する) の接続法現在形。合わせて「私が私を紹介することを、私に許してください」という込み入った表現だ。

★なお、Bellota は「ドングリ」の意味。もちろんこんな名前の銀行は実在しない。

335 ¿A qué te dedicas?
[ア・ケ・テ・デディカス]

▶ **お仕事は？**

A: ¿**A qué te dedicas?**
B: Trabajo en una organización no gubernamental.

*A: お仕事は何？
B: あるNGOで働いているんだ。

★相手の職業が何なのか知りたければ、このフレーズを使おう。dedicarse a... (…に従事する) という動詞を現在形に活用させて、¿A qué te dedicas? (君は何に従事しているの？) と表現するわけだ。

★また ¿En qué trabajas? (君は何の仕事をしているの？) という尋ね方もある。返事は、上のような答え方のほかに、Soy funcionario. (公務員です) のようなパターンを使ってもいい。

★organización no gubernamental (非政府組織) は頭文字をとって ONG と言うこともできる。

336 ¡Manos a la obra!
［マノス・ア・ラ・オブラ］
▶ さあ、仕事にかかろう！

A : No te quedes sentado, muchacho. **¡Manos a la obra!**
B : Sí, jefa. A sus órdenes.

*A：ぼやっと座ってないで、さあ、仕事、仕事！
 B：はい、課長。分かりました。

★「さあ、仕事、仕事！」と促すには、¡Manos a la obra! (手を労働に！) という表現を使う。肉体労働の場面で「さあ、取りかかれ！」という調子でよく用いるが、デスクワークにも転用される。

★te quedes は quedarse (…の状態である) の接続法現在形で、ここでは否定命令文の一部として使われている。

★A sus órdenes. は「あなたの命令に (従います)」という意味で、軍隊用語から来たフレーズだ。

337 Perdonen que les interrumpa.
［ペルドネン・ケ・レス・インテルンパ］
▶ お話し中すみません。

A : **Perdonen que les interrumpa.** ¿Me permiten una sola pregunta?
B : Sí, cómo no.

*A：お話し中すみません。1つだけお聞きしていいでしょうか？
 B：ええ、どうぞどうぞ。

★他人の会話に割って入る必要がある。こんなときは Perdonen que les interrumpa. と言おう。perdonen は perdonar (許す) の接続法現在形。ここでは命令の意味で使われている。les は「あなた方を」、interrumpa は interrumpir (さえぎる) の接続法現在形。合わせて「私があなた方をさえぎることを許してください」。

★もっとストレートに Interrumpo. (私はさえぎります) のひとことでも切り込める。でも礼を失しないよう、空気を読んで、表現を使い分けよう。

338 Estoy a su disposición.
［エストイ・ア・ス・ディスポシシオン］
▶ 何なりとご用を承ります。

A : **Estoy a su disposición.**
B : Entonces, ¿nos envía una muestra del producto?

　　A：何なりとおっしゃってください。
　*B：では、商品の見本を送っていただけますか？

★disposición（自由裁量）という語を使って、Estoy a su disposición.（私はあなたの自由裁量のもとにいます）というフレーズが作れる。これは「あなたのご要望を何なりと承ります」という意味で、ビジネスでは欠かせない決めぜりふだ。

★entero（全くの）などの語をプラスして、Estoy a su entera disposición.（どんなご用でも引き受けます）と言うこともできる。ただしちょっと大げさな感じがするので、濫用は禁物。

339 Podemos ofrecer un descuento.
［ポデモス・オフレセール・ウン・デスクエント］
▶ 値引きをさせていただきます。

A : **Podemos ofrecer un descuento** inicial del cinco por ciento.
B : ¡Magnífico!

　　A：5％の初回値引きをさせていただきます。
　*B：それはありがたいことです。

★ビジネスに欠かせない「値引き」は descuento と言う。英語の discount とよく似ているので覚えやすい。「値引きをする」は hacer un descuento でいいが、ofrecer（提供する）という動詞を使ったほうが丁寧な感じが出て、好感度が上がる。

★Podemos ofrecer un descuento. は「私たちは値引きを提供することができます」という形で、押しつけがましさを消した表現になっている。自社のことは「私たち」で表すのが定番だ。

CAPÍTULO 7　　157

340 Se levanta la sesión.
[セ・レバンタ・ラ・セシオン]
▶ これにて閉会します。

A : Parece que ya no hay más preguntas, señora presidenta.
B : Muy bien. **Se levanta la sesión.**

　A : 議長、もう質問は出尽くしたようです。
*B : では、これにて閉会します。

★スペイン語圏では、会合を終えるとき、Se levanta la sesión. と言う。sesión は「セッション、会合」の意味。また、se levanta は、ここでは「起立する」ではなく、「終了する」を表している。つまり「セッションが終了する」ということだ。

★法廷や議会でよく使うが、ちょっと改まった会議の場合でも OK。このシンプルな言葉とともに、参加者が一斉に立ち上がって退室するのは、ドラマチックで絵になる情景だ。

341 ¿Cómo marcha el proyecto?
[コモ・マルチャ・エル・プロイェクト]
▶ 企画の進行具合はどうですか？

A : **¿Cómo marcha el proyecto?**
B : Marcha según lo previsto.

*A : 企画の進行具合はどうですか？
　B : 予定どおりに進んでいます。

★スペイン語で「企画」は proyecto と言う。「プロジェクト」とそっくりなので覚えやすい。「進行する」は marchar で、これも英語の march とよく似ている。これらを組み合わせると、¿Cómo marcha el proyecto? (その企画はどのように進んでいますか？) というビジネスに欠かせないフレーズが完成する。

★順調に進んでいない場合は Se está retrasando un poco. (少し遅れています) と答える。ただし ¿Por qué? (なぜ？) と聞かれるのを覚悟して。

342 ¿Cuál es el presupuesto?
[クアル・エス・エル・プレスプエスト]

▶ 予算はどのくらいですか？

A : ¿Cuál es el presupuesto?
B : Preveo que costará otros cincuenta mil euros.

　　A：予算はどのくらいですか？
　*B：5万ユーロの追加費用がかかりそうです。

★「予算」は presupuesto.「予算はいくら?」は cuánto（いくら）を使って ¿Cuánto es el presupuesto? と言ってもいいが、cuál（どれ）を使うのがスペイン語っぽい。

★preveo は prever（予測する）の現在形。costará は costar（〈費用が〉かかる）の未来形。otros（別の）は、ここでは「さらに」の意味。

★金額を聞かれたときの返答としては、ほかに Son cien mil euros.（10万ユーロです）などの言い方も覚えておこう。

343 Lo que pasa es que...
[ロ・ケ・パサ・エス・ケ]

▶ 問題は…。

A : Es una buena idea. Seguro que todos estarán de acuerdo.
B : Bueno, **lo que pasa es que** ya no hay tiempo para llevarla a cabo.

　　A：それは名案だ。きっとみんなも賛成してくれるよ。
　*B：ただ問題は、もうそれを実行する時間がないってことなの。

★「問題は…なんだ」「実は…という状況なんだ」と説明を始めるときの前置きには Lo que pasa es que... がぴったり。pasa は pasar（生じる、起こる）の現在形。「起きているのは…ということだ」という形になっている。es を省いて Lo que pasa que... と言うこともあるが、正しくはない。

★Es que...（実は…；⇒ 18 ）や La verdad...（実を言うと…；⇒ 148 ）よりも複雑な分だけ、重々しく、深刻なニュアンスが強い。

★llevar a cabo は「実行する、成し遂げる」という意味の熟語。

344 ¿Puedo hablar con el director?
[プエド・アブラール・コン・エル・ディレクトール]
▶ 社長さんをお願いします。

A: Compañía Moncloa. Buenos días.
B: Buenos días. **¿Puedo hablar con el director?**

　*A: はい、モンクロア社でございます。
　 B: すみませんが、社長さんをお願いできますか？

★電話を別の人につないでもらうときの決まり文句「…さんをお願いします」は、スペイン語では ¿Puedo hablar con...? (私は…さんと話すことができますか？) と表現する。"..." の部分に el director (社長)、el encargado del asunto (この件の担当者)、la señorita López (ロペスさん) など、必要な言葉を入れればできあがり。

★なお、「こちら…社でございます」という応対のフレーズは、上の例のように自社名を言うだけで済む。シンプルでおしゃれだ。

345 Vas a llegar muy lejos.
[バス・ア・リェガール・ムイ・レホス]
▶ 君はきっと出世するよ。

A: ¡Qué inteligente eres! **Vas a llegar muy lejos** en la astronomía.
B: Gracias. La verdad es que quisiera ir a Marte.

　 A: 君はほんとに頭がいいね。きっと天文学で名を残すよ。
　*B: ありがとう。火星に行くのが夢なの。

★llegar lejos は額面どおり受け取れば「遠くに到着する」だが、熟語としては「出世する」「成功する」という意味になる。栄光のゴールが地平線の彼方に待っている、という発想だ。

★この熟語を知らないと、Vas a llegar muy lejos. と言われても「いや、どこにも行かないよ」などと答えてしまいかねない。「火星に行きたい」というのは、もちろん熟語の元の意味を踏まえてのユーモアだ。

★quisiera は querer (…したい) の接続法過去形で、控え目な願望を表している。

346 ¿Con quién tengo el gusto de hablar?

[コン・キエン・テンゴ・エル・グスト・デ・アブラール]

▶ どちら様ですか？

A : ¿Con quién tengo el gusto de hablar?
B : Me llamo Carlos Pérez, del Banco de Cibeles.

*A : どちら様ですか？
 B : シベレス銀行のカルロス・ペレスと申します。

★相手の名前を尋ねるのに、¿Quién es usted?（あなたは誰ですか？）では失礼。こんなときは ¿Con quién tengo el gusto de hablar? というフレーズを使う。「私は誰と話す喜びを持っているのでしょうか？」、つまり「私は誰と話しているのでしょうか？」という形の丁寧な表現だ。

★これが長くて覚えられないという人には、¿De parte de quién?（どなたからですか？）というフレーズもある。

347 ¿Quién es el que corta el bacalao?

[キエン・エス・エル・ケ・コルタ・エル・バカラオ]

▶ 誰が仕切っているの？

A : El jefe viaja mucho y no está casi nunca.
B : Entonces, ¿quién es el que corta aquí el bacalao?

*A : 課長は出張が多くて、たいてい留守なの。
 B : じゃあ、誰がここを仕切っているの？

★¿Quién es el que corta el bacalao?、直訳すると「タラを切る人は誰ですか？」——このフレーズは、知らない限り何のことだか見当もつかない。スペインでは bacalao（タラ）の干物が保存食として珍重される。これを切り分けるには、力とコツが要るので、一家の長の役目とされてきた。そこから、「タラを切る人」とは、ある集団を取り仕切る責任者を指すようになった。「名目上は…がトップだが、実際に仕切っているのは別の人」のような状況を表すときに、よく耳にする。

348 Hay que coger el toro por los cuernos.

[アイ・ケ・コヘール・エル・トロ・ポル・ロス・クエルノス]

▶あえてリスクをおかすべきです。

A: Habrá una fuerte oposición, señora ministra.
B: Lo sé, pero **hay que coger el toro por los cuernos.**

　A: 大臣閣下、激しい反対が予想されますが。
＊B: 分かっています。でもあえてリスクをおかすべきです。

★政治やビジネスなどで「恐れずに、困難に立ち向かう」ことを、スペイン語では coger el toro por los cuernos（2つの角において牛をつかむ）、つまり「牛の角をつかむ」と表現する。闘牛の国ならではの発想だ。これに hay que（…しなければならない）を付けると、上の表現が完成する。

★habrá は haber（ある）の未来形、fuerte は「激しい；強い」の意。

★señora ministra は女性の大臣に対する敬称。男性の場合は señor ministro となる。

CAPÍTULO 8

熟語 フレーズ

スペインの文化・習慣に由来した、
興味深い熟語や慣用句を学んでみよう。
日本語の慣用句と比べてみてもおもしろい。

349 ¡Lagarto, lagarto!
[ラガルト・ラガルト]
▶ 用心、用心！

A：¿Lo has visto? Acaba de pasar un gato negro delante de nosotros.
B：¡Lagarto, lagarto!

＊A：見た？ 今、黒猫が私たちの前を通ったよ。
　B：おっと、用心、用心！

★ スペインの、特に年配の人は、目の前を黒猫が横切ったり、ヘビに出会ったりすると、¡Lagarto, lagarto! と唱える。lagarto とは「トカゲ」のことだが、この名を2回言うことで、厄が払えるというのだ（⇒ 358 ）。現代に残る祖先の記憶だろうか。

★ 逆に、herradura（馬の蹄鉄）を拾ったり、trébol de cuatro hojas（四つ葉のクローバー）を見つけたりするのは縁起がいいとされている。

★ "acabar de ＋ 動詞の原形" は「…したばかりである」という意味。

350 Pan comido.
[パン・コミド]
▶ 朝飯前だよ。

A：¿Puedo dejar a los niños contigo esta tarde?
B：Claro. Cuidarlos es **pan comido**.

＊A：今日の夕方、子どもたちの面倒を見てもらえる？
　B：もちろんです。子守りなんか朝飯前ですよ。

★「簡単な用事」をスペイン語では pan comido（食べてしまったパン）と表すことができる。つまり「取りかかる前から、もう終わっているのも同然の簡単な作業」という意味だ。

★ 日本語では「朝飯前」、スペイン語では「食べてしまったパン」。米食の文化とパンの文化の違いが、何気ないフレーズに鮮やかに現れている。

351 ¡Y un jamón!
[イ・ウン・ハモン]
▶ とんでもない！

A: ¿No habrás estado esperando algo?
B: **¡Y un jamón!**

*A: 何か期待してたの？
B: とんでもない！

★ ¡Y un jamón! (そして1つのハム！) と言われたら、何のことか見当がつくだろうか？これは「冗談じゃない！」「とんでもない！」という強い否定を表すのだ。「君、ハムが食べたいの？」などとピント外れの返事をしないよう、注意しよう。

★ なお、habrás estado esperando の部分は esperar (期待する) の未来完了進行形。ここでは「君は期待していただろう」という意味だ。

352 Y colorín colorado.
[イ・コロリン・コロラド]
▶ めでたし、めでたし。

A: Yo voy a quedarme con la casa del abuelo.
B: Y yo con su olivar. **Y colorín colorado.**

*A: 私はお祖父さまのおうちをもらおうっと。
B: ぼくはオリーブ園をいただこう。これでめでたしめでたしだね。

★ スペインの昔話は、Y colorín colorado. Este cuento se ha acabado. (めでたし、めでたし。このお話はこれでおしまい) で言いおさめる習わしになっている。colorín colorado は、音の響きがいいからそう言うだけで、特に意味はない。物語だけでなく、日常会話でも使える。

353 Soy todo oídos.
[ソイ・トド・オイドス]
▶ 真剣に聞いてるよ。

A: Desde el primer día que nos conocimos... ¿Me escuchas?
B: Sí, **soy todo oídos.**

A: ぼくたちが初めて会った、あの日から…。聞いてる？
*B: うん、真剣に聞いてるよ。

★ 「相手の言うことに一生懸命に耳を傾けている」ことを、Soy todo oídos. ——つまり「私は todo (全身)、oídos (耳) である」と表現する。英語にも I'm all ears. という、そっくりの言い方がある。

★ この表現は性別に関係なく、いつも todo で OK。ただし、話し手が女性の場合、todo を女性形の toda にして Soy toda oídos. とするべきだと言う人もいる。

354 Estoy de rodríguez.
[エストイ・デ・ロドリゲス]
▶ 今ひとり暮らししてるんだ。

A : ¿Así que toda tu familia se ha ido de vacaciones?
B : Sí, este verano **estoy de rodríguez.**

*A : じゃあ、ご家族はみんなバカンスに行ってるの？
B : うん、ぼくはこの夏、一人身なんだ。

★Rodríguez という名字を普通名詞にして (つまり頭文字を小文字にして)、estar とセットにすると、estar de rodríguez (ロドリゲスの状態だ) という熟語ができる。

★これは、「妻子が休暇で家を開けている間、夫が 1 人残って働くこと」を表す。バカンスが長期にわたる文化がなくては生まれっこない熟語だ。「誰もが経験するような状態になる」ということから、「田中」「鈴木」並みにポピュラーな名字 Rodríguez がこの熟語に選ばれたらしい。

★se ha ido は irse (行ってしまう) の現在完了形。

355 Es como un rayo.
[エス・コモ・ウン・ラヨ]
▶ 足が速い。

A : Marta ha ganado la carrera. **Es como un rayo.**
B : Además, es una chica lista como un rayo.

*A : マルタが競走に勝ちましたよ。あの子はほんとに足が速いですね。
B : それに、とても利口ですね。

★como un rayo (光線・稲妻のように) とは、足が速いことを表す (⇒ 60)。また、「1 を聞いて 10 を知る」ような、勘のいい人のことも言う。

★ha ganado は ganar (勝つ) の現在完了形。carrera は「競走」。lista は listo (利口な、勘がいい) の女性形。

356 Habla por los codos.

[アブラ・ポル・ロス・コドス]

▶ おしゃべりな人だ。

A: ¡Qué charlatana es esa señora!
B: Sí, **habla por los codos.**

  *A: あの奥さんって、よくしゃべるね。
   B: うん、ほんとにおしゃべりな人だね。

★「口から先に生まれた」ようなおしゃべりな人のことを、スペイン語では「ひじからでさえ、発言する」というシュールな表し方をする。両方のひじから言葉が出るので、「ひじ」は codos と複数形になる。

★ charlatán (おしゃべりな)、hablador (よくしゃべる、雄弁な) のような、普通の単語だけでは物足りないとき、hablar por los codos の効果を試してみよう。

357 Estás en las nubes.

[エスタス・エン・ラス・ヌベス]

▶ 上の空だね。

A: ¿Me oyes? **Estás en las nubes.**
B: Perdón, es que he estado pensando en mis padres.

   A: 話、聞いてる? 何だか上の空だね。
  *B: ごめんなさい。両親のことを考えてたの。

★ estar en las nubes (雲の上にいる) という熟語は、「現実世界から遠いところにいる」ことから、「夢のようなことを考えている」「ぼんやりしている」という状態を指す。日本語の「上の空」と同じ発想だ。

★ ここでは、tú を主語にして、Estás en las nubes. (君は雲の上にいるね=君は上の空だね) という形になっている。なお、¡Baja ya de las nubes! (早く雲から降りろ!=ぼやぼやするな!) という表現もある。

358 Toca madera, toca madera.
[トカ・マデラ・トカ・マデラ]
▶ くわばら、くわばら。

Profesor : No te puedes equivocar más.
Alumna : **Toca madera, toca madera.**

　　教官 : これ以上ミスしては、いけませんよ。
　　*生徒 : ミスしませんように、くわばら、くわばら。

★ madera（木材）を tocar（触る）するのは、欧米に広く見られる厄除けだ。英語にも touch wood という同じ意味の表現がある。たたりや災いを避けるには、テーブルなど、手近な木製の物を触ればいいのだ。木の精を崇拝した古代の風習に由来している。

★ Toca madera, toca madera.（木に触れ、木に触れ）は、「くわばら、くわばら」のような厄除けのおまじないだ。だが、路上運転の練習中の女性にとって、車内に適当な木製の物はあるだろうか？

359 No pude pegar ojo.
[ノ・プデ・ペガール・オホ]
▶ 一睡もできなかった。

A : Con tantas preocupaciones, **no pude pegar ojo.**
B : ¿Por qué no contaste ovejas?

　　A : 気になることがたくさんあって、一睡もできなかった。
　　*B : 羊の数でも数えれば良かったのに。

★「眠らない」ことを、スペイン語では "no pegar（貼りつけない）+ (el) ojo（目）"、つまり「まぶたを閉じない」という形で表す。これは否定専用の表現だ。poder（…できる）の過去形 pude を加えると、No pude pegar ojo.（私は眠ることができなかった）という文のできあがり。

★「目」は単数形で OK（⇒ 202 ）。定冠詞 el が付くこともある。また複数形 los ojos を使う場合もある。

360 ¡Tú y tus sueños!
[トゥ・イ・トゥス・スエニョス]
▶ 君の夢物語と来たら！

A : Voy a ganar mucho dinero, voy a comprar una casa grande...
B : ¡Tú y tus sueños!

　A：ぼくはお金をたくさん稼いで、大きな家を建てて…。
　*B：また、あなたの夢物語が始まった！

★世の中には、何かに夢中になっている人がいる。思わず「君は本当に…が好きだねえ、…のことばかり考えているね！」と言いたくなる。これをスペイン語では、¡Tú y tu...! (君と君の…)という、おもしろい形で表せる。サッカーに夢中な人には、¡Tú y tu fútbol! (君は朝から晩までサッカーのことばかりだね)のように言える。

★ここでは sueños (夢物語)に合わせて「君の」も tus と複数形にするので、¡Tú y tus sueños! (君と君の夢物語！)という形になっている。

361 Está haciendo su agosto.
[エスタ・アシエンド・ス・アゴスト]
▶ あそこ、大繁盛だね。

Padre : Mira. Los floristas **están haciendo su agosto**.
　Hija : ¿Pero por qué toda la gente compra flores hoy?

　父：ほら。花を売るお店が大繁盛だね。
　*娘：でもどうして今日は、みんなお花を買うの？

★行列のできる店などを見て、「あそこ、大儲けをしてるね」と言いたいときは、Está haciendo su agosto. (8月をしているね)というフレーズが使える。está haciendoは hacer (する、作る)の現在進行形。複数形だと están haciendo となる。8月は小麦の収穫期であるところから、こんな言い方が生まれた。

★スペインでは11月1日・2日はお墓参りの日で、お供えの花を商う店はとても忙しい。この業界は、11月に「8月をする」わけだ。

362 Ha pasado un ángel.

[ア・パサド・ウン・アンヘル]

▶ 何だか白けちゃったね。

A: Ha pasado un ángel.
B: Es que me has dejado sin palabra.

 A: 何だか白けちゃったね。
 *B: あきれてものが言えないんだもん。

★会話がふと途切れて、ぎこちない間があいて、白けてしまうことがある。こんなとき、スペイン語では、Ha pasado un ángel. と言って、座を取り持つ。ha pasado は pasar（通る）の現在完了形、ángel は「天使」。ここでは、女性が返答に困って黙ってしまい、気まずい空気の中を「天使が通った」ようだ。

★me has dejado sin palabra は「君は私を言葉なしの状態に置いた」、つまり「君の話を聞いていると、私は言葉を失ってしまった」の意。

363 Se vende como churros.

[セ・ベンデ・コモ・チュロス]

▶ 飛ぶような売れ行きだ。

A: Este modelo está muy de moda, ¿verdad?
B: Sí, se vende como churros.

 *A: この機種、すごくはやってるんでしょ？
 B: そうだよ。飛ぶような売れ行きだよ。

★スペイン風ドーナツ churro (チューロ) は、日本でもすっかり定着した。リング状ではなく、細長いぶつ切りの形をしている。砂糖をかけたり、ホットチョコレートに浸したりして食べる。

★Se vende como churros. (チューロのように売れる)とは、「大量に・飛ぶように・羽根が生えたように売れる」こと。チューロはお祭りの屋台の定番で、香ばしいにおいをかぐと、誰でも買わずにはいられないからだ。

170　CAPÍTULO 8

364 Aquí hay gato encerrado.
[アキ・アイ・ガト・エンセラド]

CHECK✓

▶ 何か隠してるね。

A : Hoy no puedo verte. Mañana tampoco.
B : ¡Hum! **Aquí hay gato encerrado.** ¿No es así?

*A：今日は会えない。明日もだめ。
 B：ふーん、何か隠してるね。そうだろ？

★Aquí hay gato encerrado. を字句どおりに解釈すると、「ここには隠されたネコがいる」ということだが、「何かあやしい」という意味を表す。元来は gato は「ネコ」ではなく、お金を入れた革袋のことだったという。

★刑事ドラマによく出てくる「こいつは何か裏がありそうだ」にも、このフレーズが使われる。

365 ¿Qué estás diciendo entre dientes?
[ケ・エスタス・ディシエンド・エントレ・ディエンテス]

▶ 何ぶつぶつ言ってるの？

Madre : **¿Qué estás diciendo entre dientes?**
 Hijo : Que hoy no quiero ir a la escuela...

*母：何をぶつぶつ言ってるの？
 子：今日、学校行きたくない…。

★decir entre dientes（歯の間で言う）とは、ボソボソと聞きとりにくい話し方をすることを指す。¿Qué estás diciendo entre dientes? は、動詞を現在進行形にして「君は何を歯の間で言っているんだ？」という形にしたもの。

★acoso（いじめ；maltrato de los compañeros とも言う）、fracaso escolar（落ちこぼれ）など、スペインの学校生活にも、日本と同じような悩みがある（⇒ 175 ）。

366 No llores lágrimas de cocodrilo.
[ノ・リョレス・ラグリマス・デ・ココドリロ]
▶ 泣き真似したってだめだよ。

A : ¿Me vas a abandonar? ¡Eso no puede ser! ¡Buaaa!
B : No llores lágrimas de cocodrilo.

*A：私を捨てる気？ そんなのひどい！ エーン！
　B：泣き真似したってだめだよ。

★「泣き真似」は lágrimas de cocodrilo、つまり「ワニの涙」と言う。ワニは泣き真似をして獲物を油断させる、という俗説に基づく。ここでは、これに "no + llorar（泣く）の接続法現在形" を付けた否定命令の文「泣き真似をするな」になっている。

367 No te voy a comer.
[ノ・テ・ボイ・ア・コメール]
▶ こわがらなくていいよ。

Profesora : ¡Venga! No te voy a comer.
Estudiante : Entonces, ¿puedo hacerle una pregunta?

*先生：さあ、こわがらなくていいのよ。
　学生：じゃあ、1つ質問してもいいですか？

★スペインの先生は、授業中、学生が尻ごみして、なかなか発言しない場合など、No te voy a comer. という表現を使う。「とって食べたりしないから、こわがらずにどんどん発言してほしい」という意味なのだ。スペインに留学を考えている人は、このウィットに富んだ決まり文句に慣れておこう。

368 Viene como anillo al dedo.
[ビエネ・コモ・アニリョ・アル・デド]
▶ ちょうどぴったりだ。

A : ¿Te parece bien este libro?
B : Sí, me viene como anillo al dedo para preparar el examen.

*A：この本でいいかな？
　B：うん、試験対策にぴったりだ。

★venir como anillo al dedo（指に対する指輪のようだ）というのは、「ぴったり当てはまる」「タイミングがいい」という意味。

★ここでは venir は「ぴったり来る」のような意味で用いられている。省略された主語 este libro（この本）に合わせて、venir は3人称単数形 viene になっている。

369 Se ha fumado las clases.
[セ・ア・フマド・ラス・クラセス]

▶ あいつ、授業をサボったな。

A : ¿Dónde está Paco? Si lo he visto esta mañana.
B : Ah, ya sé. **Se ha fumado las clases** de esta tarde.

 *A：パコはどこ？ 今朝、見かけたのに。
  B：ああ、分かった。あいつ、午後の授業をサボったんだ。

★「(授業を) サボる」は学園生活の必須表現 (?) の1つ。スペイン語では fumarse という。「煙のように行方をくらます」ところから、fumar (たばこを吸う) という動詞を使うようになったらしい。se ha fumado は fumarse の現在完了形。

★「授業」が las clases と複数形になっているのは2つ以上の授業をサボる場合ということ。1時間だけなら、la clase や una clase のように単数形にする。

370 No te hagas el sueco.
[ノ・テ・アガス・エル・スエコ]

▶ とぼけないで。

A : Olaf, **no te hagas el sueco.**
B : No soy sueco sino noruego.

 *A：オラフ、スウェーデン人にならないで (=とぼけないで)。
  B：ぼくはスウェーデン人じゃなくてノルウェー人だよ。

★No te hagas el sueco. を字義どおり解釈すると「スウェーデン人にならないで」ということだが、hacerse el sueco は「気づかないふりをする」という熟語。上の会話では、ノルウェー人のオラフ君が、これを使った言葉遊びをしている。

★スペインのビーチには、太陽を求めて北欧の観光客が押し寄せる。そういう人が「言葉が通じず、事態が飲み込めないでいる」様子を指して、この熟語が生まれたと言われることがある。しかし実は、「zueco (木靴をはいた喜劇役者) のようにとぼける」ところから来たのが真相だそうだ。

371 He dormido como un tronco.
[エ・ドルミド・コモ・ウン・トロンコ]
▶ ぐっすり眠れたよ。

A : Hola, buenos días. ¿**Has dormido** bien?
B : Sí, **como un tronco.**

*A : おはよう。よく眠れた？
B : うん、ぐっすり眠れたよ。

★「熟睡する」は、dormir como un tronco（丸太のように眠る）と言う。英語の sleep like a log と同じだ。朝、起きてきたときは、He dormido como un tronco. と現在完了形を使う。

★「私は安眠するタイプだ」は、現在形を使って Duermo como un tronco. と表現する。動詞を estar に代えて Está como un tronco. とすれば、「彼 [彼女] はぐっすり眠っている」と、今の状態を表せる。

372 Está blanca como el papel.
[エスタ・ブランカ・コモ・エル・パペル]
▶ 顔色が悪いですよ。

A : ¿Se encuentra bien? **Está blanca como el papel.**
B : Si no, no vendría, doctor.

A : 大丈夫ですか？ お顔の色が悪いようですが。
*B : そうでなければ、来ませんよ、先生。

★青ざめて、顔色が悪いことを estar blanco como el papel（紙のように白い）、または estar blanco como la pared（壁のように白い）と表現する。日本語では、あまりピンと来ない喩えだ。ここでは、省略された主語 usted（あなた）が女性なので、「白い」が女性形 blanca になっている。

★なお、普通の白さは blanco como la leche（ミルクのように白い）と言う。

★vendría は venir（来る）の過去未来形。

373 Hay que apretarse el cinturón.
[アイ・ケ・アプレタールセ・エル・シントゥロン]

▶ 節約しなくちゃ。

A : **Hay que apretarse el cinturón.**
B : ¿Tú también? Con lo gordo que estás...

> A : みんなベルトをきつく締めなくちゃ（＝節約しなくちゃ）ね。
> *B : お父さんも？ そんなに太ってるのに？

★日本語なら「財布のひもを締める」と言うところを、スペイン語では「cinturón（ベルト）を apretarse（きつく締める）」と表現する。空腹でいやおうなしにスリムになるわけだ。暮らしの厳しさが肌身（ウエスト）で感じられるフレーズ。

★hay que は「（一般に人は）…しなければならない」という意味。

374 Es un secreto a voces.
[エス・ウン・セクレト・ア・ボセス]

▶ 公然の秘密だよ。

A : ¿Nuestro jefe lleva peluca?
B : ¿No lo sabías? **Es un secreto a voces.**

> A : うちの課長の頭って、かつら？
> *B : 知らなかったの？ 公然の秘密だよ。

★Todo el mundo lo sabe.（みんな知ってるよ）なら言える、という人は、次は Es un secreto a voces. という上級表現に挑戦しよう。secreto は「秘密、シークレット」、voces は voz（声）の複数形、a voces は「大声で」の意。だから secreto a voces は「大声で言いふらす秘密」のことだ。

★大声で言いふらされては、秘密も何もあったものではない。¡Pobre jefe!（かわいそうな課長さん！）。

375 Están hasta en la sopa.
[エスタン・アスタ・エン・ラ・ソパ]
▶ あちこちで見かける。

A : Ese tipo de maquillaje está muy de moda, ¿verdad?
B : Sí, chicas así **están hasta en la sopa.**

　A：このメイクのしかた、今すごくはやってるね。
＊B：そう、こういう子、あちこちで見かけるよ。

★「至るところに存在する」ことを、スペイン語では estar hasta en la sopa（スープの中にさえいる）と表現する。存在するものの種類によっては、ちょっと悪夢だ。

★Te meten la noticia hasta en la sopa.（そのニュースはスープの中にさえ入っている＝今、そのニュースの話題で持ち切りだ）のような構文のバリエーションもある。

376 Me lo dijo un pajarito.
[メ・ロ・ディホ・ウン・パハリト]
▶ 風の便りに聞いたんだ。

A : ¿Cómo sabes que yo salgo con Emilio?
B : **Me lo dijo un pajarito.**

＊A：私がエミリオと付き合ってるって、どうして知ってるの？
　B：なに、風の便りに聞いたんだよ。

★dijo は decir（言う）の点過去形、pajarito は pájaro（鳥）に縮小辞 -ito が付いた形だから、Me lo dijo un pajarito. は直訳すると「1 羽の小鳥が私にそれを言った」となる。これで「風の便りに聞いた」「小耳にはさんだ」という意味を表す。

★おしゃれなフレーズだが、なんと起源は旧約聖書の一節だそう。

377 Cuando las ranas críen pelos.
[クアンド・ラス・ラナス・クリエン・ペロス]
▶ いつまで待ってもだめだよ。

A : ¿Cuándo me devuelves el dinero?
B : **Cuando las ranas críen pelos.**

　A：いつになったらお金返してくれるの？
＊B：いつになるか、分からない。

★貸したお金の催促をして、Cuando las ranas críen pelos. という返事が返ってきたら、これは大変。直訳すると「カエルに毛が生えるとき」という意味だが、そんな事態はあり得ないので、これは「いつまで待っても実現しない」ことを表す熟語なのだ。

★cuando は「…するとき」、rana は「カエル」、críen は criar（生える）の接続法現在形、pelo は「毛髪」という意味。

378 Voy a echar una siesta.
[ボイ・ア・エチャール・ウナ・シエスタ]
▶ 昼寝でもしてくるよ。

A : ¡Ay, qué sueño! **Voy a echar una siesta.**
B : Sí, después de la comida, hay que dormir una buena siesta.

*A：ああ、眠い！ちょっとお昼寝してくる。
B：そうそう。お昼ごはんの後は、昼寝がいちばんだよね。

★ スペインでは siesta（昼寝）の習慣があることは、日本でもよく知られている。「昼寝をする」は echar una siesta（直訳すれば「昼寝を投げる」）と言う。echar（投げる）という動詞を使う発想がおもしろい。上のように dormir una siesta, つまり「昼寝を眠る」とも言う。

★ 現代スペインでは、のんびり昼寝を楽しむゆとりが減った。スペインの siesta の習慣が「日本のニンジャ」のような絶滅危惧種になる日も近い。

379 Está en el quinto pino.
[エスタ・エン・エル・キント・ピノ]
▶ そこは遠いよ。

A : Por favor. ¿Cómo se va a la Plaza de España?
B : ¡Hombre! Eso **está en el quinto pino.**

*A：すみません。スペイン広場にはどう行けばいいですか？
B：うーん、そこはすごく遠いですよ。

★「非常に遠い」ことを Está en el quinto pino.（それは5本目の松のところにある）と表現することがある。昔、スペインの首都マドリードの幹線道路に沿って立つ5本の松のうち、5本目が町外れにあったのが由来だそうだ。

★ なお、スペインの松は、直立する綿菓子のようで、たくましい。日本の松のような枝ぶりや風情を求めるのは難しそうだ。

380 No eches leña al fuego.
[ノ・エチェス・レニャ・アル・フエゴ]

▶ これ以上、話をややこしくしないで。

A: Voy a mediar entre vosotros. Decidme qué pasa.
B: Por favor, **no eches** más **leña al fuego**.

> A: ぼくが君たちの仲裁をしてやろう。いったい何があったんだ？
> *B: お願いだから、これ以上、話をややこしくしないで。

★ echar leña al fuego (火にまきをくべる) とは、「問題を大きくする、こじれさせる」という意味の熟語だ。日本語の「火に油を注ぐ」とよく似ている。ここでは、動詞 echar (投げる、くべる) を eches という接続法現在形にして、否定命令「君は火にまきをくべるな」という形になっている。

★ また、leña (まき) の前に más (もっと) を加えて、「さらに問題を複雑にする」という意味を強調することもできる。

381 Tienes una memoria de elefante.
[ティエネス・ウナ・メモリア・デ・エレファンテ]

▶ 大した記憶力だね。

A: Me debes cuarenta y tres euros con veintiún céntimos.
B: ¡**Tienes una memoria de elefante**!

> *A: あなたは私に43ユーロ21セントの借りがあるんだよ。
> B: 大した記憶力だね！

★「何でもよく覚えていること」をスペイン語では、tener (una) memoria de elefante、つまり「ゾウのような記憶力を持つ」と表現する。ゾウは記憶力が優れていて、特に恨みをいつまでも忘れない動物だとされているのだ。ここでは、tener (持つ) が tú に対応する tienes という形になっている。

★ なお、金額を表すときは、euro (ユーロ) と céntimos (セント) の間を con (…と) という前置詞でつなぐのが普通だ。

382 Me aburro como una ostra.
[メ・アブロ・コモ・ウナ・オストラ]
▶ 退屈でたまらない。

A : ¿Lo estás pasando bien en esta fiesta?
B : No, me aburro como una ostra.

　　A : どう？ パーティー楽しんでる？
　*B : ううん、退屈でたまらない。

★ ostra とは「牡蠣(かき)」のこと。日本語で「牡蠣のように」と来れば、「黙っている」「口をつぐんでいる」と続くが、スペイン語では aburrirse como una ostra (牡蠣のように退屈する) というのが、お約束だ。

★ 牡蠣が暗い海底の岩にじっと貼りついている姿を想像すると、「どんなに退屈な暮らしだろう！」と言いたくなるというのだ。でも、スペインの人も牡蠣はよく食べる。北部では、生牡蠣が年末年始の風物詩になっている地方もある。

383 Me salvé por los pelos.
[メ・サルベ・ポル・ロス・ペロス]
▶ 際どいところで助かった。

A : Ibas a tener un accidente de coche, ¿dices?
B : Sí, pero me salvé por los pelos.

　*A : 自動車事故を起こしそうになったんですって？
　　B : うん、でも危ないところで助かったよ。

★「ぎりぎりセーフ」「間一髪」の状態を、スペイン語では por los pelos (毛髪によって) と表現する。「船乗りが海に落ちそうになったときに、仲間に髪の毛をつかんでもらって一命をとりとめる」という情景から来ている。大航海時代の立役者スペインでこそ生まれ得る熟語だ。

★ me salvé の部分は、salvarse (助かる) という再帰動詞の点過去形。por los pelos と合わせて「際どいところで助かった」となる。

★ ibas は ir (行く) の線過去形。ここでは "ir a + 動詞の原形" の形式の中で使われて、「…するところだった」を表す。

CAPÍTULO 8　179

384 Me viene como agua de mayo.
[メ・ビエネ・コモ・アグア・デ・マヨ]

▶ ちょうど欲しかったんだ。

A: Toma, te doy la paga extra.
B: ¡Gracias! Este dinero me viene como agua de mayo.

　A：さあ、特別手当をあげよう。
＊B：助かります！ ちょうどお金が必要だったんです。

★como agua de mayo を直訳すると「5月の雨のように」。「5月の雨」はスペインの農業にとって大切な恵みの雨だ。小麦の生育には、この時期に雨が欠かせないのだ。6月の梅雨が米の出来不出来に影響する日本の農業とは、暦が少しずれている。つまり、この熟語は「干天(かんてん)の慈雨」のように、ちょうど欲しかったものがタイミングよく与えられるときの喩えに使われる。

★me viene は「私にとって…として当てはまる」という意味 (⇒ 65)。

385 Estás como pez en el agua.
[エスタス・コモ・ペス・エン・エル・アグア]

▶ すごく生き生きしてるね。

A: En este barrio estás como pez en el agua.
B: Claro. Por eso no pienso mudarme de aquí.

＊A：あなたはこの町内だと、生き生きしてるね。
　B：そうだよ。だからここから引っ越す気がしないんだ。

★como pez en el agua (水の中の魚のように) という熟語は、日本語の「水を得た魚のように」とまったく同じ発想で、「本来の自分が出せて、生き生きとしている」様子を指す。この前に estar のような動詞を置いて使う。

★barrio は「(都市などの) 地区」という意味。スペイン人は生まれ育った土地への愛着が強く、地元では生き生きとふるまう人が多い。

386 No tiene pelos en la lengua.
[ノ・ティエネ・ペロス・エン・ラ・レングア]

▶ 歯に衣を着せずに言う人だ。

A : Este periodista **no tiene pelos en la lengua**.
B : Sí, por eso su entrevista es muy interesante.

    A : このインタビュアーは、歯に衣を着せずにものを言うね。
  *B : うん、だからインタビューがとてもおもしろいんだよ。

★ 「歯に衣を着せず」に、率直にものを言うことを、スペイン語では no tener pelos en la lengua (舌に毛が生えていない) と表現する。確かに、舌が毛でおおわれていては、すごくしゃべりづらそう。

★ periodista は、新聞 (periódico) の記者に限らず、テレビのアナウンサーやリポーターなど、報道関係者一般を指す。男性も女性も同じ形で使える。

387 Ya puedo dormir a pierna suelta.
[ヤ・プエド・ドルミール・ア・ピエルナ・スエルタ]

▶ これで枕を高くして眠れる。

A : ¿Así que has pagado todas las deudas?
B : Sí, **ya puedo dormir a pierna suelta**.

    A : じゃあ、借金を完済したの？
  *B : うん。これで枕を高くして眠れる。

★ 「安眠する」は dormir como un tronco (丸太のように眠る; ⇒ 371)、dormir como un lirón (ヤマネのように眠る) など、いろいろな表し方がある。dormir a pierna suelta (足を伸ばして眠る) は、眠る様子だけでなく「心安らかな」という精神状態まで表せる。つまり「枕を高くして眠る」に相当するわけだ。

★ この熟語は a piernas sueltas と複数形にはせず、必ず単数形 a pierna suelta で使う。

CAPÍTULO 8

388 Esos dos son uña y carne.
[エソス・ドス・ソン・ウニャ・イ・カルネ]
▶ あの 2 人は仲がいい。

A : **Esos dos** hermanos **son uña y carne**, ¿verdad?
B : Sí, van juntos a todas partes.

 A：あの兄弟は本当に仲がいいね。
 *B：そうだね。どこに行くにも一緒だね。

★uña (爪) と carne (肉) は、ぴったりくっついていて、はがせないところから、「いつも一緒の仲良しの 2 人」を指すのに使われる。

★「あの 2 人は爪と肉だ」とストレートに言うこともあれば、Parecen uña y carne. (爪と肉のようだ) と比喩の形でも表現できる。主語の「あの 2 人」が女性の場合は esas dos と女性形になる。

389 No hay moros en la costa.
[ノ・アイ・モロス・エン・ラ・コスタ]
▶ 今なら大丈夫。

A : ¿Ya puedo salir?
B : Sí, date prisa. Ahora **no hay moros en la costa**.

 A：もう出てもいいかな？
 *B：うん、急いで。今なら誰も見てないよ。

★No hay moros en la costa. を字義どおり解釈すると、「costa (海岸) には moros (ムーア人；北アフリカのイスラム教徒) がいない」という不思議な呪文のような文だ。かつてスペインの地中海岸に住む人々は、対岸から襲来する掠奪者や侵略者を常に恐れながら暮らしていた。「今なら恐ろしい敵は海岸にいない」というこのフレーズは、昔の恐怖の経験を今に伝えている。

★文頭の no を省いた Hay moros en la costa. という表現もよく使われる。「近くに危険人物がいるぞ！ 気をつけろ！」という意味だ。

182 CAPÍTULO 8

390 ¿Por qué me haces la pelota?
[ポル・ケ・メ・アセス・ラ・ペロタ]
▶ ごまなんかすって、どうしたの？

Hija: ¡Qué guapo estás, papá!
Padre: ¿Por qué me haces la pelota?

*娘：パパ、今日はハンサムねえ！
父：ごまなんかすって、どうしたんだ？

★「ご機嫌とりをする」「ごまをする」は、hacer la pelota、つまり「ボールを作る」と言う。言われてみれば、「物体のとがった角を落として、ボールのように丸くする」動作と、「人をおだてて懐柔し、自分の味方につける」行為には、通じるものがある。

★ここでは tú を主語にして、「なぜ君は私にごまをするのか？」という形になっている。不自然にへりくだる相手に対して使ってみよう。

391 Has puesto el dedo en la llaga.
[アス・プエスト・エル・デド・エン・ラ・リャガ]
▶ 痛いところを突いたね。

A: ¿Te das cuenta? **Has puesto el dedo en la llaga.**
B: Lo sé. Alguien tiene que decirlo.

A：分かってる？ 君は今、痛いところを突いたんだよ。
*B：知ってるよ。誰かが言わなきゃいけないんだし。

★問題の根源を遠慮なく指摘することを、poner el dedo en la llaga（傷口に指を入れる）と言う。十二使徒の1人、聖トマスが、キリストの傷口に指を差し入れて初めて主の復活を認めたという、有名なエピソードに由来する。

★ここでは poner（置く、入れる）を現在完了形 has puesto にして「君は今、傷口に指を入れたね」という形になっている。

★darse cuenta は「気づく」という意味の熟語（⇒ 72 ）。

392 Parece que he dado en el clavo.

[パレセ・ケ・エ・ダド・エン・エル・クラボ]

▶ 図星だったみたいだね。

A: ¡Pero qué tontería dices! Si yo no sé nada.
B: **Parece que he dado en el clavo**, señor criminal.

 A：何を言い出すんだ。わしは何も知らんぞ。
 *B：どうやら図星だったようね、犯人さん。

★名探偵が犯人を追いつめたときの決めぜりふ、「(私の推理は) どうやら図星だったようだね」をスペイン語で言ってみよう。Parece que he dado en el clavo. で OK だ。parece は parecer (思われる) の現在形。he dado は dar (与える) の現在完了形。clavo は「釘」。合わせて「私は釘に (打撃を) 与えたと思われる」ということになる。

★dar en el clavo (釘に〈打撃を〉与える) は、「言い当てる」「図星をさす」という意味の熟語だ。英語の hit the nail on the head (図星をさす) と同じ発想だが、短くて覚えやすい。

---

393 No dejes que te den gato por liebre.

[ノ・デヘス・ケ・テ・デン・ガト・ポル・リエブレ]

▶ まがいものをつかまされないでね。

Esposa: En el mercado **no dejes que te den gato por liebre**, ¿eh?
Esposo: No te preocupes, querida.

 *妻：市場では、まがいものをつかまされないようにね。
 夫：心配いらないよ。

★dar gato por liebre (ノウサギの肉と称して、ネコの肉を与える) というイディオムがある。「高級品と偽って、粗悪な品物を売りつける」という意味だ。「羊頭を掲げて狗肉を売る (店先にヒツジの頭を掲げて、実際にはイヌの肉を売る)」という、漢文から来た成句と同じ、悪徳商法だ。

★ここでは、no dejes que te den... (人が君に…を与えるのを放置するな) という否定命令の形になっている。dejes は dejar (放置する)、den は dar (与える) の接続法現在形。複雑な構文だが、この形でよく使うので、まるごと覚えよう。

★No te preocupes. については、⇒ 225。

394 Hoy me he levantado con el pie izquierdo.

［オイ・メ・エ・レバンタド・コン・エル・ピエ・イスキエルド］

▶ 今日はついてない。

A : ¿Se te ha roto el móvil?
B : Sí. **Hoy me he levantado con el pie izquierdo.**

 A : ケータイが壊れたんだって？
 *B : そうなの。今日は朝からついてないんだ。

★何をやってもうまくいかない日がある。こんなとき、スペインでは「きっと今朝、ベッドから降りるときに、左足を先に床につけたんだろう」と言う。右は善、左は悪、という古い俗信が、こんなところに残っている。

★Hoy me he levantado con el pie izquierdo. の hoy は「今日」、me he levantado は再帰動詞 levantarse (起きる) の現在完了形、pie izquierdo は「左足」を指す。合わせて「今日、私は左足から起きた」ということ。

395 No hay que buscar tres pies al gato.

［ノ・アイ・ケ・ブスカール・トレス・ピエス・アル・ガト］

▶ そんなに深く考えないで。

A : ¿Pero Carlos lo dice en serio?
B : Hombre, **no hay que buscar tres pies al gato.**

 *A : でもカルロスは本気でそう言ってるのかな？
 B : まあ、そんなに深く考えないほうがいいよ。

★buscar tres pies al gato (ネコに3本の足がないかと探す) とは、「ことさら難しく考える」「変に気を回す」ことを言う。昔話に由来する熟語だ。確かに、ネコの足は本来4本なのに、「いや、3本のはずだ」などと言い張ると、話がこじれてしまう。ここでは、no hay que (…しなくてもいい；…してはいけない) とこの句をつないだ形になっている。

396 ¿Por qué te pones tan roja como un tomate?

[ポル・ケ・テ・ポネス・タン・ロハ・コモ・ウン・トマテ]

▶ どうしたの？ 真っ赤になって。

A: ¿Me viste con Paco? ¡Dios mío!
B: ¿Por qué te pones tan roja como un tomate?

*A: 私がパコと一緒にいるとこを見たの？ どうしよう！
 B: どうしたの？ 真っ赤になって。

★青白い顔の対極の「赤い顔」になることは、ponerse tan rojo como un tomate（トマトと同じくらいに赤くなる）と表現する。「リンゴのような頬」ならぬ「トマトのような頬」だ。上の例では、相手の女性を話題にしているので、「赤い」は roja という女性形になっている。

★ponerse（…になる）は poner（置く）を使った再帰動詞。顔色や一時的感情など、表面的なことが「…の状態になる」という場合に使う。

★viste は ver（見る）の点過去形。¡Dios mío! については、⇒ 101。

CAPÍTULO 9

ことわざ フレーズ

ネイティブスピーカーは、
ことわざや古くからの言い回しを
さらりと会話に入れてきます。
含蓄あるひとことを身につければ、
相手から一目置かれること間違いなし？

397 **Las paredes oyen.**
[ラス・パレデス・オイェン]
▶ **壁に耳あり。**

A: Entonces, ¿me haces el favor?
B: Hablemos más bajo. **Las paredes oyen.**

   A: じゃあぼくの頼みをきいてくれるんだね？
 *B: もっと小さな声で話しましょう。壁に耳ありって言うでしょ。

★「壁に耳あり」は Las paredes oyen. と言う。paredes は pared（壁）の複数形、oyen は oír（聞く）の現在形。「四方の壁が聞いている」ということで、多方向から盗み聞きされる、という発想が怖い。

★なお、bajo [バホ] の基本的な意味は「低い、低く」だが、ここでは「小さく、小声で」ということ。反対は alto（大きく、大声で；⇒ 221 ）。

398 **Perro ladrador, poco mordedor.**
[ペロ・ラドラドール・ポコ・モルデドール]
▶ **ほえる犬はかみつかない。**

A: Me ha regañado el jefe.
B: No te preocupes. Ya sabes. **Perro ladrador, poco mordedor.**

 *A: 課長に叱られちゃった。
   B: 心配ないよ。よく言うだろ、口うるさい人は実害はないって。

★perro ladrador（よくほえる犬）、poco mordedor（ほとんどかみつかない）という2つの句を並べてみよう。動詞も冠詞もなく、エッセンスだけだが、これで立派なことわざのできあがりだ。

★「見かけが攻撃的な人は、それほど危険ではない」という意味のほか、「口先ばかりで実行が伴わない人」を指すこともある。

399 Quien mucho abarca, poco aprieta.

[キエン・ムチョ・アバルカ・ポコ・アプリエタ]

▶ 二兎を追う者、一兎をも得ず。

A: Voy a aprender japonés además de chino.
B: Recuerda que **quien mucho abarca, poco aprieta.**

*A: 私、中国語だけでなく、日本語も勉強するの。
B: 二兎を追う者、一兎をも得ずってことになりかねないよ。

★「あれもこれもと欲張らないほうがいい」という教訓は、Quien mucho abarca, poco aprieta.（多くをつかむ者は、ほとんど取れない）と表現する。abarca は abarcar（つかむ）、aprieta は apretar（取る）の現在形。-ca, -ta で韻を踏ませるために、動詞を後ろに回した語順になっている。

★文頭の quien（…する者）は、高く強く発音すると quién（誰）という意味になってしまう。抑えて低く言おう。

★recuerda は recordar（思い出す）の命令法。

400 Mucho ruido y pocas nueces.

[ムチョ・ルイド・イ・ポカス・ヌエセス]

▶ 期待外れ。

A: Anuncian esta película por todas partes, ¿no?
B: Sí, pero es un rotundo fracaso. **Mucho ruido y pocas nueces.**

A: この映画の広告、やたらに見かけるね。
*B: うん、でも完全な失敗だよ。鳴り物入りのわりには、期待外れ。

★「大騒ぎをしたわりに、実際は大したことがなかった」という状況を、スペイン語では、Mucho ruido y pocas nueces.（大きな音なのに、実の少ないクルミ）と表現する。

★クルミは殻が硬い上に、殻と実の間にすきまがあるので、木から落ちるときに大きな音を立てる。でも、割ってみると、期待するほど実は詰まっていない、というわけ。ナッツ類を食材としてよく使うスペインならではの発想だ。

★anuncian は anunciar（広告する、宣伝する）の現在形。

401 El mundo es un pañuelo.
[エル・ムンド・エス・ウン・パニュエロ]
▶ 世間は狭い。

A : ¿Así que mi novio es tu primo?
B : Sí. **El mundo es un pañuelo**, ¿no?

> *A : つまり私の彼は、あなたのいとこだったの？
> B : そう、世間は狭いね。

★「縁は異なもの」と言うとおり、この世は広いようで、意外に狭い。これをスペイン語では El mundo es un pañuelo. (世界はハンカチだ) と表現する。「小さいもの」の代名詞にハンカチを選んだところが、おしゃれだ。

★un pañuelo (1 つのハンカチ) の前に como (…のような) を入れて、El mundo es como un pañuelo. (世界はハンカチのようだ) と言うこともある。

402 De tal palo, tal astilla.
[デ・タル・パロ・タル・アスティリャ]
▶ カエルの子はカエル。

A : ¡Cómo te gusta el fútbol, igual que a tu padre!
B : Sí. Todo el mundo me dice: "**De tal palo, tal astilla**".

> *A : お父さんに似て、本当にサッカーが好きだよね！
> B : うん、「カエルの子はカエル」って、みんなに言われるよ。

★子どもが親の性質を受け継いでそっくりであることを、De tal palo, tal astilla. (このような palo〈丸太〉から、このような astilla〈木片〉) と言う。

★スペインの三大祭りの 1 つ、バレンシアの火祭りは、木工職人が不要になった木切れを燃やしたのが起源だとされる。スペインには、石だけでなく、木材を暮らしに利用する文化が根付いている。

403 Más vale tarde que nunca.
[マス・バレ・タルデ・ケ・ヌンカ]
▶ 遅れても、しないよりはいい。

A : Aquí te traigo un regalo, aunque tu cumpleaños fue ayer.
B : Muchas gracias. **Más vale tarde que nunca**.

> A : はい、君へのプレゼント。お誕生日は昨日だったけど。
> *B : どうもありがとう。遅くても、ないよりずっといいし。

★「全然しないよりは、遅れてでもしたほうがましだ」——スペイン語では、Más vale tarde que nunca. つまり「tarde (遅く) のほうが nunca (決して…ない) よりも価値がある」というフレーズで的確に表せる。言い訳をする際に役立ちそうだ。

★なお、Más vale algo que nada. (全然ないよりも、いくらかでもあったほうがいい) というバリエーションも便利。

404 Una golondrina no hace verano.

[ウナ・ゴロンドリナ・ノ・アセ・ベラノ]

▶ 早合点は禁物。

A：Nuestro equipo ganó ayer. Seguro que vamos a ser campeones.
B：**Una golondrina no hace verano.**

　A：昨日ぼくたちのチームが勝った。優勝は間違いなしだ。
　*B：1回勝ったからって、早合点は禁物だよ。

★「1羽の golondrina（ツバメ）は verano（夏）を作らない」。このことわざは、ヨーロッパ各地にある。「ツバメを1羽見かけたくらいで、もう暖かい季節だと決めつけてはいけない。また寒い日が戻るかもしれない」という意味だ。いかにも、農耕に携わる人々の長年の経験が凝縮されている。

★転じて、「わずかな根拠で軽々と結論を出さないほうがいい」「早合点は禁物」という教訓として使われる。

★ganó は ganar（勝つ）の点過去形、seguro que... は「きっと…だろう」の意、campeones は campeón（チャンピオン）の複数形。

405 La letra con sangre entra.

[ラ・レトラ・コン・サングレ・エントラ]

▶ 学問に苦労はつきもの。

Alumno：¿Más deberes?
Profesora：Claro. **La letra con sangre entra.**

　生徒：また宿題？
　*先生：そうよ。勉強に苦労はつきものです。

★「letra（文字）は sangre（血）を伴って入る」ということわざがある。「苦労なくしては、学問は身につかない」という意味だ。letra と entra で韻を踏ませるために、動詞を最後に移して La letra con sangre entra. と言う。

★このフレーズには、大変厳格だった、昔のスペインの教育が反映している。この後に、y la labor con dolor（そして仕事は痛みを伴って入る）、つまり「一人前に仕事がこなせるようになるにも、苦労がつきもの」という句が続く。

406 Nunca es tarde para aprender.
[ヌンカ・エス・タルデ・パラ・アプレンデール]
▶ 学ぶのに遅すぎることはない。

A: ¿Puedo apuntarme a esta clase?
B: Desde luego. **Nunca es tarde para aprender.**

*A: このクラスの受講を申し込んでもいいですか？
B: もちろんです。学ぶのに遅すぎることはありませんから。

★Nunca es tarde para aprender. は「学ぶのに決して遅すぎることはない」、つまり「勉強はいつからでも始められる」という意味。日本語の「六十の手習い」に近いが、年齢に関係なく使えて、しかももっとポジティブな言葉だ。

★apuntarme は「申し込む」(⇒ 325)、Desde luego. は「もちろん」(⇒ 25)の意。

407 A mal tiempo, buena cara.
[ア・マル・ティエンポ・ブエナ・カラ]
▶ つらいときこそ、明るい顔で。

A: ¡He cometido un grave error en el negocio!
B: No te preocupes. **A mal tiempo, buena cara.**

A: 仕事でとんでもないミスをした！
*B: くよくよしないで。つらいときこそ、明るい顔でって、言うでしょ。

★a mal tiempo は「悪い天候（または時期）に」、buena cara は「良い顔」。合わせて A mal tiempo, buena cara. は、「逆境の中では、くよくよせずに明るい顔をしよう」という、前向きの人生訓を意味する。

★Mañana será otro día.（明日は別の日だ＝明日は明日の風が吹く）ということわざもある。これも、なかなかラテン的だ。

408 Vísteme despacio, que tengo prisa.
[ビステメ・デスパシオ・ケ・テンゴ・プリサ]
▶ 急がば回れ。

A: ¡Rápido, mujer, se nos está haciendo tarde!
B: ¿No sabes aquel refrán: "**Vísteme despacio, que tengo prisa**"?

A: 早く！遅れちゃうよ。
*B: 「急がば回れ」ってことわざを知らないの？

★昔、スペインのある王が家来にこう命じた。Vísteme despacio（私にゆっくり服を着せろ）、que tengo prisa.（なぜなら私は急いでいるからだ）。この文は今日、「急いでいるときこそあわてず慎重に」という決まり文句として使われている（⇒ 228）。

★vísteme は vestir（服を着せる）の命令法に me（私に）が付いた形式。服を着るのも他人任せという、超セレブの生活から生まれたことわざだ。

409 Es como pedir peras al olmo.

[エス・コモ・ペディール・ペラス・アル・オルモ]

▶ **ないものねだりだよ。**

A: ¿No viene Paco todavía?
B: Esperar que Paco sea puntual **es como pedir peras al olmo.**

*A：パコはまだ出勤してないの？
B：パコに時間厳守を期待するのは、ないものねだりですよ。

★ olmo（ニレ）の木は木材としては優れているが、pera（ナシ）の実は成らない。だから pedir peras al olmo は「ないものねだりをすること」を表す。… es como pedir peras al olmo（…するのは、ニレにナシを求めるようなものだ）という形でよく使う。スペインに群生するニレの木、安くておいしい西洋ナシを引き合いに出したところが、スペインらしい。

★ この表現を聞いて、「木に寄りて魚を求む」という句を連想する方もいるだろう。スタイルも意味もそっくりだ。

410 El mejor escribano echa un borrón.

[エル・メホール・エスクリバノ・エチャ・ウン・ボロン]

▶ **サルも木から落ちる。**

Jugadora: ¡Oh, he fallado!
Entrenador: No te preocupes. **El mejor escribano echa un borrón.**

*選手：ああ、ミスしちゃった！
監督：気にするな。弘法にも筆の誤りということがある。

★ どんな名人でも、しくじることがある。el mejor escribano（最も優れた書記）でも、書類の上に borrón（インクのしみ）を echar（落とす）ことがある。El mejor escribano echa un borrón. は、ガチョウの羽根の先にインクを付けて、羊皮紙に文字を書いていた、昔の情景が思い浮かぶことわざだ。

★ borrón を主語にして、Al mejor escribano se le va un borrón.（インクのしみは、どんなに優れた書記にも起こりうる）というバリエーションもある。

★ he fallado は fallar（失敗する）の現在完了形。

CAPÍTULO 9 193

411 En casa del herrero, cuchillo de palo.

[エン・カサ・デル・エレロ・クチリョ・デ・パロ]

▶ 紺屋の白ばかま。

A: Tú que eres un modista tan famoso, ¿cómo vas tan mal vestido?
B: **En casa del herrero, cuchillo de palo.**

　　*A：有名なデザイナーのあなたにしては、ひどい格好だね。
　　 B：紺屋の白ばかまってやつさ。

★「その道のプロは、その技術を自分のためには使っていない」ことを、スペイン語では「herrero (鍛冶職人) の家では、お手のものの金属製品ではなく、palo (木製) の cuchillo (ナイフ) で食事をしている」と表現する。

★この文のエッセンスだけを残して、En casa del herrero, cuchillo de palo. (鍛冶職人の家では、木のナイフ) とすれば、ことわざが完成する。ひと昔前までスペイン各地で見られた、職人の素朴な家庭の様子が目に浮かぶ。

412 Ande yo caliente, y ríase la gente.

[アンデ・ヨ・カリエンテ・イ・リアセ・ラ・ヘンテ]

▶ マイペースがいちばん。

A: ¿Cómo puedes vivir sin móvil ni ordenador? La gente se reirá de ti.
B: **Ande yo caliente, y ríase la gente.**

　　*A：携帯もパソコンもなしで、よく生きてるね。世間の人が笑うよ。
　　 B：マイペースがいちばん。笑うなら笑うがいいさ。

★Ande yo caliente, y ríase la gente. とは「私は暖かく過ごすがいい。そして人々は (そんな私を) 笑うがいい」、つまり「他人にどう思われようと、マイペースな暮らしをするのがいちばんだ」という意味。

★この句は、16～17世紀のスペインの文人ゴンゴラ (L. de Góngora) の詩で有名だが、それ以前から存在したらしい。日本人のお家芸 (?) の「長いものには巻かれろ」とは正反対のライフスタイルだ。

★ande は andar (…の状態である；歩く) の接続法現在形の願望の用法。se reirá de は reírse de... (…を笑う) の未来形。ríase は同じ動詞の接続法現在形の願望の用法。

413 A falta de pan, buenas son tortas.
[ア・ファルタ・デ・パン・ブエナス・ソン・トルタス]
▶ あり合わせで満足しなさい。

Niña: Este perrito es de peluche. Quiero uno de verdad.
Padre: Hija, a falta de pan, buenas son tortas.

*娘：この犬、ぬいぐるみじゃん。本物が欲しかったのに。
父：そこは、あり合わせで満足してよ。

★「A級のものが手に入らないときは、B級のものでも決して悪くはない」という処世訓を、スペイン語では、A falta de pan, buenas son tortas.(パンがないときは、種なしパンも悪くない)というフレーズで表す。

★torta とは、穀物の粉を練ってイーストを入れずに焼いた、素朴なパンのこと。クレープも torta の一種だ。それなりにおいしいが、ふんわり焼きあがったパンと比べると、ランクが下がる。

★perrito は perro (犬) に縮小辞 -ito が付いた形で「ワンちゃん」のようなニュアンスになる。

414 Cría cuervos y te sacarán los ojos.
[クリア・クエルボス・イ・テ・サカラン・ロス・オホス]
▶ 飼い犬に手をかまれる。

A: ¡Qué ingrato es ese chico!
B: Bien dice el refrán: "Cría cuervos y te sacarán los ojos".

A：あいつは本当に恩知らずだ！
*B：「飼い犬に手をかまれる」っていうことわざどおりだね。

★Cría cuervos y te sacarán los ojos. を直訳すると、「カラスを飼いなさい。そうすれば、カラスたちは君の目をくり抜くだろう」となる。cría は criar (飼う) の命令法、cuervo は「カラス」、sacarán は sacar (取り出す) の未来形、ojo は「目」。英語の "命令文 + and" (…しなさい。そうすれば〜) と同じパターンでできている。

★これは「恩をあだで返すような仕打ちに用心しろ」という教訓だが、日本語の「飼い犬に手をかまれる」よりも不気味でインパクトが強い。

415 Al pan, pan, y al vino, vino.
[アル・パン・パン・イ・アル・ビノ・ビノ]
▶ ありのままに話して。

A : ¿Que dónde está el dinero? No lo sé.
B : Nada de disimulos. **Al pan, pan, y al vino, vino.**

> A : 金がどこにあるかって？ 知らないよ。
> *B : とぼけてもむだだよ。ありのままに話してもらいましょうか。

★llamar al pan, pan (パンをパンと呼ぶ)、そして llamar al vino, vino (ワインをワインと呼ぶ)。ここから動詞 llamar (呼ぶ) を省くと、Al pan, pan, y al vino, vino. (パンはパン、ワインはワイン) というフレーズが完成する。これは「もって回った言い方はしないで、率直に話しなさい」という意味だ。最も身近な事物にパンとワインを充てるところが、さすがスペイン！

★disimulo は「ごまかし、空とぼけ」。Nada de disimulos. で「とぼけるな」となる (⇒ 214)。

416 Es como ir por lana y volver trasquilado.
[エス・コモ・イール・ポル・ラナ・イ・ボルベール・トラスキラド]
▶ ミイラ取りがミイラになるようなもの。

A : Ayer fui a recibir dinero, pero me multaron por exceso de velocidad.
B : **Es como ir por lana y volver trasquilado**, ¿no?

> A : 昨日、お金をもらいに行ったのに、スピード違反で罰金をとられた。
> *B : ミイラ取りがミイラになったってわけね。

★牧畜の盛んなスペインには、lana (羊毛) にまつわることわざがある。ir por lana y volver trasquilado ——これは「羊毛を取りに行ったのに、自分の毛を刈られて戻ってくる」、つまり「利益を得ようとして行なったことが、逆に損につながる」ことを表す。この表現の前に es como (…のようなものだ) を置いた形でよく使われる。

★日本語の「ミイラ取りがミイラになる」は、誰かを連れ戻しに行った人が、同じようにとりこになってしまうことを指すので、少し意味が違うが、近い表現として挙げておく。

417 A cada cerdo le llega su San Martín.
[ア・カダ・セルド・レ・リェガ・ス・サン・マルティン]

▶ **いずれ報いが来る。**

Alumno: Señorita, Martín no estudia nada para el examen.
Profesora: Déjalo. **A cada cerdo le llega su San Martín.**

> 生徒：先生、マルティンたら、ちっともテスト勉強しないんだよ。
> *先生：ほうっておきなさい。そのうちばちが当たるから。

★ 毎日たらふく食べて丸々と太ったブタは、秋も深まった11月11日、San Martín（聖マルティン）の祭日のころに、その幸せな一生を終える。matanza（豚肉の塩漬け作り）と呼ばれる年中行事が始まるのだ。

★ A cada cerdo le llega su San Martín. は「それぞれのブタに、その聖マルティンの祭日が訪れる＝安逸をむさぼった者には、いずれ報いがある」の意。ここには、イベリコ豚の生ハムなどで知られるスペインらしさが満載だ。

418 Quien se fue a Sevilla, perdió su silla.
[キエン・セ・フエ・ア・セビリャ・ペルディオ・ス・シリャ]

▶ **去る者は日々に疎し。**

A: ¿Dónde está mi mesa? ¿Me la han quitado durante mi ausencia?
B: Recuerda que **quien se fue a Sevilla, perdió su silla.**

> A：ぼくの机はどこ？ いない間に撤去したの？
> *B：「去る者は日々に疎し」って言うじゃない。

★「Sevilla（スペイン南部の都市セビリア）に行った人は、その silla（椅子）を失った」という成句がある。これは、昔、セビリアの大司教が一時的にほかの教区に転出したところ、もう元の地位に戻れなくなってしまったという史実に由来する。つまり、本来は「セビリアから行った人は…」であるべきなのだが、いつしか「セビリアに…」に変わってしまったのだ。

★「いったん手放した地位や特権は、回復するのが難しい」と言いたいときに便利なことわざだ。「去る者は日々に疎し」と通じるものがある。

419 Dime con quién andas, y te diré quién eres.

[ディメ・コン・キエン・アンダス・イ・テ・ディレ・キエン・エレス]

▶ 類は友を呼ぶ。

A : Soy un chico muy educado. No soy como mis amigos.
B : Lo dudo. **Dime con quién andas, y te diré quién eres.**

　A：ぼくは、とてもまじめなんだよ。仲間とはタイプが違うんだ。
　*B：そうかな。「類は友を呼ぶ」って言うし。

★Dime con quién andas（君が誰と付き合っているか言いなさい）, y te diré quién eres.（そうすれば、私は君が誰であるかを言おう）。「どんな友達と付き合っているかで、人柄が分かる」という意味だ。

★dime は "decir（言う）の命令法 + me（私に）"、andas は andar（歩く）の現在形。この動詞は andar con... の形で「…と付き合う」の意味になる。diré は decir の未来形。文全体は、「…しなさい。そうすれば~」、つまり英語の "命令文 + and" に当たるパターンでできている。

420 Quien no ha visto Granada, no ha visto nada.

[キエン・ノ・ア・ビスト・グラナダ・ノ・ア・ビスト・ナダ]

▶ グラナダを見ずして結構と言うなかれ。

A : ¿Qué ciudad me recomendarías visitar en España?
B : **Quien no ha visto Granada, no ha visto nada.** Ya lo sabes.

　*A：訪れるなら、スペインのどの町がおすすめ？
　B：「グラナダを見ずして結構と言うなかれ」って言うだろ？

★世界文化遺産のアルハンブラ宮殿で知られるグラナダの街は、本当にすばらしい。Quien no ha visto Granada, no ha visto nada.（グラナダを見たことがない人は、何も見たことがない〈のも同然〉）と言われるゆえんだ。

★ha visto は ver（見る）の現在完了形。Granada と nada（無）とが韻を踏んでいるところに注意して声に出してみよう。

★recomendarías は recomendar（すすめる）の過去未来形で、仮定的なやわらかい語調になる。

ÍNDICE　スペイン語索引

A

A cada cerdo le llega su San Martín. 197
A decir verdad… 78
A falta de pan, buenas son tortas. 195
¡A la de una, a la de dos, y a la de tres! 148
A lo mejor… 73
A lo que iba… 30
A mal tiempo, buena cara. 192
¿A qué te dedicas? 155
A ver… 12
A ver si tengo suerte. 87
Ahora mismo. 151
Ahora o nunca. 74
Ahora que lo dices… 32
Al grano. 12
Al pan, pan, y al vino, vino. 196
Algo es algo. 79
¿Algo más? 131
Ande yo caliente, y ríase la gente. 194
¡Ánimo! 125
Anoche empiné el codo. 136
Aquí hay de todo. 143
Aquí hay gato encerrado. 171
¡Atención! 94
¡Aúpa! 127

B

¡Basta ya! 45
Bromas aparte… 20
¡Buen trabajo! 151
Buena idea. 66
¡Buenas! 2
Buenos días. 8

C

Cambiemos de tema. 27
Cariño. 108
Casi, casi. 69
Casi no te reconozco. 56
¡Cierra el pico! 99
Claro… 65
Claro que sí. 26
¿Cómo lo diría? 25
¿Cómo marcha el proyecto? 158
¿Cómo que qué? 52
Como quieras. 15
Como si tal cosa. 58
¿Con quién tengo el gusto de hablar? 161
Con razón… 19
¡Corta el rollo! 97
¿Crees que no lo sé? 86
Creo que sí. 24
Cría cuervos y te sacarán los ojos. 195
¿Cuál es el presupuesto? 159
Cuando las ranas críen pelos. 176
Cuando usted quiera. 153
¡Cuánto tiempo! 7
Cuenta conmigo. 152
Cuéntame, cuéntame. 18
¡Cuidado! 92
Cuídate. 95

D

Da igual. 67
¡Date prisa! 96
De acuerdo. 11
De entrada… 20
¡De ninguna manera! 23
De tal palo, tal astilla. 190
De todos modos… 21
¡Déjame en paz! 99
Déjame pensar. 71
Déjate de bromas. 98
Depende. 64
Desde luego. 12
Digo… 5
Digo yo. 68
Dime con quién andas, y te diré quién eres. 198
¡Dios mío! 45
¿Dónde está el servicio? 137

E

El mejor escribano echa un borrón. 193
El mundo es un pañuelo. 190
Él y yo cortamos. 116
Elemental. 65
En casa del herrero, cuchillo de palo. 194
En fin… 13
¡Encima! 39
¡Enhorabuena! 126
Eres todo un hombre. 112
¡Eres un sol! 112
Es como ir por lana y volver trasquilado. 196
Es como pedir peras al olmo. 193
Es como un rayo. 166
Es infiel a su marido. 119
Es muy divertido. 51
Es muy propio de ella. 88
Es muy simpático, pero… 84
Es que… 9
Es un decir. 78
Es un secreto a voces. 175
Es una corazonada. 77
Eso debería decirlo yo. 56
¡Eso es! 14
¡Eso es demasiado! 48
Eso es fácil de decir. 89
Eso es otra cosa. 30
Eso me recuerda que… 32
¡Eso no! 67
Eso no tiene nada que ver. 90
¿Eso qué quiere decir? 33
Eso se dice. 79
Eso se lo dirás a todas. 120
Esos dos son uña y carne. 182
España es mucho España. 85
Espero a mi príncipe azul. 118
Espero que te guste. 114
Está blanca como el papel. 174
Está en el quinto pino. 177
Esta es la película más taquillera. 147
Esta es tu casa. 142
Está haciendo su

ÍNDICE　199

agosto.	169	
Está muy bueno.	135	
¿Estamos?	6	
Están hasta en la sopa.	176	
Están llamando a la puerta.	145	
Estás bueno.	70	
Estás como pez en el agua.	180	
Estás de mal humor.	56	
Estás en las nubes.	167	
Esto…	4	
Esto no es nada.	81	
Estoy a su disposición.	157	
Estoy de rodríguez.	166	
Estoy hasta las narices.	116	
Estoy hecho polvo.	53	
¡Estupendo!	64	

F

¿Falta alguien?	130
Fatal.	39
¡Feliz cumpleaños!	131
¡Feliz Navidad!	130
¡Figúrate!	3
¡Frío!	6

G

¡Gol!	127
Gracias de todos modos.	34
Gustarme, me gusta, pero…	86

H

Ha pasado un ángel.	170
Ha sido sin querer.	82
Haberlo dicho antes.	98
Habla más alto.	100
Habla por los codos.	167
¿Has encontrado a tu media naranja?	121
Has llegado justo a tiempo.	143
Has puesto el dedo en la llaga.	183
Has salido a tu padre.	118
Hasta luego.	7
Hay que apretarse el cinturón.	175
Hay que coger el toro por los cuernos.	162

¡Hay que ver!	54
He dormido como un tronco.	174
¡Hombre!	38
Hoy me he levantado con el pie izquierdo.	185
Hoy te invito yo.	138

I

¡Imposible!	40

L

La encuentro muy rara.	85
La letra con sangre entra.	191
La verdad…	68
¡Lagarto, lagarto!	164
Las paredes oyen.	188
¿Lo estás pasando bien?	141
Lo malo es que…	57
Lo que oyes.	72
Lo que pasa es que…	159
Lo reconozco.	68
Lo siento.	17
Lo tendré en cuenta.	31

M

¡Manos a la obra!	156
Más o menos.	22
Más vale tarde que nunca.	190
Me aburro como una ostra.	179
Me apunto.	151
¿Me cobra?	128
Me da suerte.	79
Me defiendo un poco en español.	36
Me dejó plantado.	113
Me dio calabazas.	111
Me explico.	71
Me gusta este tema.	139
Me ha echado la bronca.	60
Me haces daño.	54
Me lo dijo un pajarito.	176
¿Me permite?	96
¿Me pone una caña?	142
Me salvé por los pelos.	179
Me suena.	19
Me va a dar algo.	60
Me vas a oír.	57

Me viene bien.	28
Me viene como agua de mayo.	180
Menos mal.	69
¿Mentiroso yo?	43
Mira.	2
¡Mua!	108
¡Mucha suerte!	131
Mucho ruido y pocas nueces.	189

N

Nada de excusas.	97
Ni hablar.	46
Ni idea.	66
Ni que decir tiene.	34
No corre prisa.	153
No debes nadar entre dos aguas.	120
No dejes que te den gato por liebre.	184
No eches leña al fuego.	178
No es culpa mía.	82
No es lo tuyo.	81
No es para tanto.	83
No hay más remedio.	83
No hay moros en la costa.	182
No hay pero que valga.	104
No hay problema.	76
No hay que buscar tres pies al gato.	185
No he dicho nada.	104
No le hagas caso.	102
No llores lágrimas de cocodrilo.	172
No lo dudes.	78
No lo dudo, pero…	80
No me da la gana.	144
¡No me digas!	49
No me extraña.	25
No me tomes el pelo.	105
No metas las narices.	102
No pude pegar ojo.	168
¡No puede ser!	73
No puedo más.	49
No puedo vivir sin ti.	119
No sé dónde…	25
No sé qué…	24
No seas así.	99
No seas egoísta.	98
No seas pesado.	48

¿No te das cuenta? 31
No te hagas el sueco. 173
¡No te lo pierdas! 141
No te lo tomes tan a pecho. 106
No te molestes. 100
No te preocupes. 101
No te quedes en la puerta, entra. 147
No te voy a comer. 172
No tenías que haberte molestado. 36
No tiene ninguna gracia. 55
No tiene pelos en la lengua. 181
No viene en el mapa. 145
Nos hemos quedado sin gasolina. 146
¡Nos vamos de marcha! 140
Nunca es tarde para aprender. 192

O
O mejor dicho… 28
O sea… 9
¡Ojo! 92
¡Otra, otra! 129
Oye. 4

P
Pan comido. 164
Para que te enteres. 84
Parece que he dado en el clavo. 184
Pastelillo de fresa. 113
¡Patata! 124
Perdonen que les interrumpa. 156
Permítame que me presente. 155
Permíteme que te diga que… 88
¡Pero si lo acabamos de comprar! 61
Pero vamos. 16
Perro ladrador, poco mordedor. 188
¡Pobre! 41
Podemos ofrecer un descuento. 157
¿Por? 7

Por cierto… 11
Por favor. 17
Por lo que veo… 81
Por nada se enfada. 58
¿Por qué me haces la pelota? 183
¿Por qué no me lo dijiste antes? 61
¿Por qué no te callas? 105
¿Por qué te pones tan roja como un tomate? 186
Porque sí. 66
Preparados, listos…, ¡ya! 133
Puedes tutearme. 109
¿Puedo hablar con el director? 160
Pues… 4
Pues nada… 13

Q
¡Qué alegría! 42
¡Que aproveche! 129
¡Qué barbaridad! 43
¡Qué buena pinta! 134
¡Qué detalle! 46
¡Qué escándalo! 47
¿Qué estás diciendo entre dientes? 171
¿Qué garantías ofrecen? 154
¿Qué hay? 8
¿Qué jaleo es este? 138
¡Qué lástima! 47
¡Que llueva, que llueva! 136
¡Qué mala pata! 51
¡Qué más da! 22
¡Qué mona! 110
Que pase. 150
¡Qué fastidioso eres! 53
¡Qué raro! 44
¡Qué risa! 44
¡Que seáis muy felices! 117
¡Que sí! 14
¡Qué sorpresa! 41
¡Qué suerte! 42
Que te calles. 101
¡Que te diviertas! 132
Que te mejores pronto. 103
¿Qué te trae por aquí? 59
¡Qué va! 41

¿Qué vamos a hacer? 55
Que yo sepa… 27
Quedamos en eso. 134
¿Quién es el que corta el bacalao? 161
¿Quién es el último? 139
Quien mucho abarca, poco aprieta. 189
Quien no ha visto Granada, no ha visto nada. 198
¡Quién sabe! 20
Quien se fue a Sevilla, perdió su silla. 197
¿Quién te crees que eres? 59
¿Quieres casarte conmigo? 110

R
Regular. 5
Rompí con ella hace tiempo. 119

S
¿Sabes qué? 10
Salgo con ese chico. 115
¡Salud! 125
Se ha fumado las clases. 173
Se levanta la sesión. 158
Se me ha declarado. 116
¿Se puede? 150
Se vende como churros. 170
Si es tan amable… 154
Si la belleza fuera pecado, tú no tendrías perdón. 122
Si le parece… 154
Si no me equivoco… 30
Sí y no. 74
Significa mucho para mí. 84
Sigue, sigue. 18
¡Silencio! 93
¡Socorro! 95
Sois dos tortolitos. 114
¡Sorpresa! 126
Soy todo oídos. 165
Soy un desastre. 80

T
¡Tachán! 125

ÍNDICE 201

¿Te animas?	128
Te doy mi palabra.	31
Te doy una pista.	137
Te echo de menos.	115
Te equivocas.	70
¿Te has hecho daño?	33
¿Te importa?	16
¿Te quieres callar?	101
Te quiero.	109
Tengo cita con mi novio.	117
Tengo una agenda apretada.	137
¡Tiempo!	124
Tiene enchufe.	152
¡Tienes mucha cara!	52
Tienes razón.	14
Tienes una memoria de elefante.	178
Toca madera, toca madera.	168
Total, no es gran cosa.	87
Tranquilo.	95
¡Trato hecho!	72
Tú dirás.	15
¿Tú qué crees?	73
Tú tampoco te quedas corto.	89
¡Tú y tus sueños!	169
Tuve un flechazo.	112

U

Un abrazo.	10
Un día es un día.	144
¡Un, dos! ¡Un, dos!	138
Una de dos.	75
Una golondrina no hace verano.	191
¡Únete a nosotros!	133
Uno de cada.	135

V

Vais a tener un niño, ¿no?	122
Vale.	3
Vale la pena.	76
¡Vámonos de juerga!	132
Vamos a escote.	132
¡Vamos a montar una fiesta a lo grande!	148
Vamos a ver…	22
Vamos poco a poco.	103
Vas a llegar muy lejos.	160
¡Vaya!	40
¡Vaya un carácter!	50
¡Ven!	93
Venga.	94
¡Venga ya!	44
Verás.	64
¡Vete!	93
Viene como anillo al dedo.	172
Vísteme despacio, que tengo prisa.	192
¡Viva!	38
¡Voy a casarme!	111
Voy a echar una siesta.	177
Voy al centro con mis amigos.	146
Voy tirando.	9

Y

¿Y?	3
¿Y a mí qué?	29
Y colorín colorado.	165
¡Y dale!	48
Y de repente, ¡zas!	140
Y eso.	19
Y fueron felices y comieron perdices.	121
Y no es para menos.	35
¡Y pensar que para eso he venido!	62
Y punto.	70
¡Y que lo digas!	29
¡Y un jamón!	165
Y ya está.	75
Ya decía yo.	77
Ya era hora.	50
Ya lo sé.	23
¡Ya lo tengo!	23
Ya me voy.	26
Ya no te entretengo más.	35
Ya puedo dormir a pierna suelta.	181
Ya veo.	18
Ya voy.	20

ÍNDICE　日本語索引

あ
愛してる。　109
あいつ、授業をサボったな。　173
あいつの言うことなんか気にするな。　102
あえてリスクをおかすべきです。　162
会えなくて寂しいよ。　115
赤ちゃんができたんだって？　122
あきれた！　45
朝飯前だよ。　164
足が速い。　166
あせらずに行こう。　103
あそこ、大繁盛だね。　169
あちこちで見かける。　176
あっちへ行け！　93
あなたってすてき！　112
あのー。　4
あの子とは、とっくの昔に別れたよ。　119
あのね。　10
あの2人は仲がいい。　182
危ない！　92
雨々降れ降れ！　136
あり合わせで満足しなさい。　195
ありえないよ！　40
ありのままに話して。　196
あれっ！　38
アンコール、アンコール！　129
あんまり元気じゃない。　5
あんまりだ！　43

い
いい？　2, 64
いいかげんにして！　44
言いにくいんだけど…。　88
いい人なんだけど…。　84
いいよ。　3
言い訳無用。　97
言うまでもない。　34
いかにも彼女らしいね。　88
いずれ報いが来る。　197
急がば回れ。　192
急ぎの用ではありません。　153
痛いところを突いたね。　183
痛いなあ。　54
1、2！1、2！　138
位置について、よーいドン！　133
1、2の3！　148
一睡もできなかった。　168
言ってみて。　15
言っとくけど。　84
いつまで待ってもだめだよ。　176
いとしい人よ。　108
今行くよ。　20
今なら大丈夫。　182
今のは聞かなかったことにして。　104
今ひとり暮らししてるんだ。　166
言われてみると…。　32

う
疑うわけじゃないけど…。　80
美しさが罪なら、君は許されない。　122
うまくいくといいけど。　87
うるさい！　99
うれしい！　42
上の空だね。　167

え
えーと…。　4, 22
縁起がいい。　79

お
おいしいねえ。　135
おいしく召し上がれ。　129
おいしそう！　134
おいで！　93
お買い上げは以上ですか？　131
おかしいなあ。　44
お勘定をお願いします。　128
お気遣いなく。　100
遅れても、しないよりはいい。　190
お幸せに！　117
お仕事は？　155
おしゃべりな人だ。　167
お知らせします。　94
お好きなように。　15
お大事に。　95
落ち着いて。　95
お手洗いはどこですか？　137
お手数ですが…。　154
お通ししてください。　150
お話し中すみません。　156
お見逃しなく！　141
おめでとう！　126
思い違いだよ。　70

か
飼い犬に手をかまれる。　195
カエルの子はカエル。　190
顔色が悪いですよ。　174
学問に苦労はつきもの。　191
ガス欠だ。　146
風の便りに聞いたんだ。　176
堅苦しい言葉づかいは、なしでいこう。　109
買ったばかりなのに！　61
彼女は浮気している。　119
彼女、様子が変だよ。　85
壁に耳あり。　188
構わない？　16
我慢できない。　49
からかわないで。　105
彼とデートなの。　117
かわいいね！　110
かわいそうに！　41
考えさせて。　71
簡単なことだよ。　65
乾杯！　125
がんばって！　131

き
聞いてのとおりだよ。　72
企画の進行具合はどうですか？　158
気がつかないの？　31
気がどうにかなりそう。　60
聞き覚えがある。　19
機嫌が悪いね。　56
期待外れ。　189
気に入ってもらえるといいけど。　114
気に留めておくよ。　31
気乗りしない。　144
君なしでは生きられない。　119
君の言うとおりだ。　14
君の夢物語と来たら！　169
君はお父さん似だね。　118
君はきっと出世するよ。　160
君はどう思う？　73
君もいい勝負だよ。　89

ÍNDICE　203

君もおめでたい人だね。	70	さあ、仕事にかかろう！	156	節約しなくちゃ。 175
君もすっかり一人前だね。	83	さあねえ。	66	
君らしくもない。	81	最悪。	39	**そ**
今日はおごるよ。	138	最後尾は誰ですか？	139	そういうことは早く言ってよ。
今日はついてない。	185	さようなら。	8	98
際どいところで助かった。	179	サルも木から落ちる。	193	そう言えば…。 32
気をつけて！	92	去る者は日々に疎し。	197	そう言われてるね。 79
		残念！	47	そう思う。 24
く				そう真剣に悩まないで。 106
口で言うのは簡単だよ。	89	**し**		そうだってば！ 14
ぐっすり眠れたよ。	174	しかたがない。	83	そうだね！ 29
首を突っ込むなよ。	102	叱られちゃった。	60	そこは遠いよ。 177
グラナダを見ずして結構と言う		自己紹介させていただきます。		そしたら突然、パッと…。 140
なかれ。	198		155	そして2人はいつまでも幸せ
くわばら、くわばら。	168	静かに！	93	に暮らしましたとさ。 121
		しつこいなあ。	48	そのためにわざわざ来たのに！
け		知ってる？	3	62
けがしなかった？	33	実は…。	9	そのとおり！ 14
玄関に立ってないで、どうぞ		実を言うと…。	68, 78	それがどうしたの？ 22
入って。	147	自分でも分かってるんだ。	68	それってどういう意味？ 33
玄関のベルが鳴ってるよ。	145	じゃあ、そういうことで…。		それで？ 3
元気？	8		13	それでいいんだよ。 75
元気出して！	125	じゃあそうしよう。	134	それで手を打とう！ 72
		じゃあね。	10	それなら話は別だ。 30
こ		ジャーン！	125	それはあんまりだよ！ 48
公然の秘密だよ。	175	社長さんをお願いします。	160	それはこっちのせりふだ。 56
こうなると思った。	77	じゃなくて…。	5	それは違うよ！ 67
紺屋の白ばかま。	194	冗談はさておき…。	20	それほどでもない。 83
ゴール！	127	冗談はよしてよ。	98	それもそのはず。 35
告白されちゃった。	116	知らないよ！	20	そんな気がする。 77
ここには何でもある。	143	知る限りでは…。	27	そんな態度をとるなよ。 99
言葉のあやだよ。	78	真剣に聞いてるよ。	165	そんなに深く考えないで。 185
断っておくけど…。	20	心配ないよ。	101	そんなの関係ないよ。 90
コネがあるんだって。	152			そんなはずないんだけど。 73
この映画がいちばんはやって		**す**		損はないよ。 76
る。	147	ずいぶん待たされた。	50	
この曲、好き。	139	ずうずうしい！	52	**た**
困ったこと…。	57	好きなことは好きけど…。	86	退屈でたまらない。 179
ごまなんかすって、どうした		すぐやるよ。	151	大した記憶力だね。 178
の？	183	すごく生き生きしてるね。	180	大丈夫。 76
ごめん。	17	すごくおもしろい。	51	助けて！ 95
これ以上、話をややこしくしな		すばらしい！	64	だってそうでしょ。 65
いで。	178	スペインは何と言ってもスペイ		楽しんで来てね！ 132
これで失礼します。	26	ンだ。	85	楽しんでる？ 141
これで枕を高くして眠れる。		図星だったみたいだね。	184	たまには羽目をはずさなく
	181	すみません。	17	ちゃ。 144
これにて閉会します。	158			黙れったら。 101
これはいったい何の騒ぎ？	138	**せ**		誰が仕切っているの？ 161
こわがらなくていいよ。	172	性格悪いね！	50	誰にでも言ってるんでしょ。
こんにちは！	2	盛大なパーティーを開こう！		120
			148	誕生日おめでとう！ 131
さ		世間は狭い。	190	
さあさあ。	94	せっかくなんだけど。	34	

204 ÍNDICE

ち
地図に載ってないよ。	145
ちっともおもしろくない。	55
チャンスは今しかない。	74
チュッ！	108
調子に乗らないで！	39
ちょうどいいときに来たね。	143
ちょうどぴったりだ。	172
ちょうど欲しかったんだ。	180
ちょっとしたことで怒る。	58
ちょっと黙ってくれない？	105
ちょっと黙ってて。	101

つ
ついてないなあ！	51
都合がいい。	28
つまり…。	9
つまりこういうことだ。	71
つらいときこそ、明るい顔で。	192

て
「でも」なんて言わないで。	104

と
と言うより…。	28
どうしたの？ 真っ赤になって。	186
どうして？	7
どうしてもっと早く言わなかったの？	61
どうしよう？	55
どうせ大したことじゃないし。	87
どうぞくつろいでね。	142
どうぞ始めてください。	153
道理で…。	19
通してください。	96
とか、いろいろ。	19
どこかしらで…。	25
ところで…。	11
どちら様ですか？	161
どちらとも言える。	74
どっちでもいい。	67
とにかく…。	21
飛ぶような売れ行きだ。	170
とぼけないで。	173
どれどれ。	12
とんでもない！	23, 41, 165
どんな保証がありますか？	154

な
ないものねだりだよ。	193
ないよりはまし。	79
長い話はやめて！	97
仲間に入りなよ。	133
泣き真似したってだめだよ。	172
なぜと言われても…。	66
何か隠してるね。	171
何さまのつもり？	59
何ぶつぶつ言ってるの？	171
生ビールをください。	142
なるほど。	18
何だか…。	24
何だか白けちゃったね。	170
何だって？	49
何だとは何だ？	52
何て言ったらいいのかな。	25
なんていやな奴だ！	53
何でもないよ。	81
何とかやってるよ。	9
何なりとご用を承ります。	157

に
二兎を追う者、一兎をも得ず。	189

ね
ねえ。	4
ねえ、ハニー。	113
値引きをさせていただきます。	157

の
飲みに行こう！	132, 140

は
場合による。	64
はい、そこまで！	124
はい、チーズ！	124
入ってもいいですか？	150
外れ！	6
話して、話して。	18
話にならない。	46
話はそれだけだ。	70
話は戻るけど…。	30
話を続けて。	18
歯に衣を着せずに言う人だ。	181
早合点は禁物。	191
早く！	96
早く元気になってね。	103
ばんざい！	38

ひ
引きとめてごめんね。	35
久しぶり！	7
びっくりした！	41
1つずつください。	135
一目ぼれした。	112
昼寝でもしてくるよ。	177
ヒントをあげよう。	137

ふ
2つに1つだ。	75
ふたまたは良くないよ。	120
振られちゃった。	111

へ
平気な顔して。	58

ほ
ほえる犬はかみつかない。	188
ぼくと結婚してくれる？	110
ほっといて！	99
本題に入ろう。	12

ま
まあ、そんなところ。	69
まあ、とにかく…。	13
まあ、何て言うか。	16
まあまあ。	22
マイペースがいちばん。	194
まがいものをつかまされないでね。	184
任せて。	152
またその話？	48
またね。	7
まだましだ。	69
間違いでなければ…。	30
間違いない。	78
待ちぼうけ食わされちゃった。	113
まったく！	40
まったくもう！	54
学ぶのに遅すぎることはない。	192

み
ミイラ取りがミイラになるようなもの。	196
見覚えがある。	19
見たところ…。	81
見違えたよ。	56
みんなそろった？	130
みんなで街に遊びに行くんだ。	146

む
無理もない。 25

め
名案だね。 66
めでたし、めでたし。 165
メリー・クリスマス！ 130

も
もううんざりだ。 116
もうお相手は見つかった？ 121
もうくたくた。 53
もうたくさん！ 45
もしかすると…。 73
もちろん。 12, 26
もっと大きな声で話して。 100
問題は…。 159

や
約束するよ。 31
優しいね！ 46
やってみない？ 128

ゆ
ゆうべは飲み過ぎた。 136

許せない！ 47

よ
よいしょ！ 127
用心、用心！ 164
よくやったね！ 151
予算はどのくらいですか？ 159
予定がいっぱいだ。 137
よろしければ…。 154

ら
ラッキー！ 42
ラブラブなんだね。 114

り
了解。 11

る
類は友を呼ぶ。 198

わ
分かった！ 23
分かった？ 6
分かってるよ。 23
わがまま言わないで。 98

わざとじゃないよ。 82
わざわざすみません。 36
話題を変えよう。 27
私、あの人と付き合ってるの。 115
私がうそつきだって？ 43
私が知らないとでも？ 86
私、彼とは別れたの。 116
私、結婚するの！ 111
私ってだめなんです。 80
私には関係ない。 29
私には大切なことなんだ。 84
私のせいじゃない。 82
私の理想の男性を待ってるの。 118
私はスペイン語が少し話せます。 36
私はそう思うけど。 68
私も黙ってはいないよ。 57
私、やります。 151
わっ！ 126
笑える！ 44
割り勘にしよう。 132

〈著者紹介〉

福嶌教隆（ふくしま のりたか）
神戸市外国語大学名誉教授。マドリード大学言語学博士。イスパニア語学専攻。著書：『ニューエクスプレスプラス スペイン語』（白水社）、『くらべて学ぶスペイン語』（朝日出版社）、『スペイン語の贈り物』（現代書館）、『初めてのスペイン旅行会話』（NHK 出版）、『スペイン語練習ドリル』（共著、NHK 出版）など。校閲：上田博人『スペイン語文法ハンドブック』（研究社）。NHK ラジオスペイン語講座・テレビスペイン語講座の講師を多年にわたりつとめる。

気持ちが伝わる! スペイン語リアルフレーズ BOOK

2012 年 2 月 1 日　初版発行
2021 年 10 月 22 日　9 刷発行

著者
福嶌教隆（ふくしま のりたか）

© Noritaka Fukushima, 2012

発行者
吉田尚志

発行所
株式会社　研究社
〒102-8152　東京都千代田区富士見 2-11-3
電話　営業(03)3288-7777 (代)　編集(03)3288-7711 (代)
振替　00150-9-26710
https://www.kenkyusha.co.jp/

印刷所
研究社印刷株式会社

装幀・中扉デザイン
Malpu Design（清水良洋・大胡田友紀）

装画・中扉挿画
トヨクラタケル

本文デザイン
株式会社インフォルム

本文挿画
福嶌教隆

校正
柿原武史

ISBN 978-4-327-39423-3　C0087　Printed in Japan

KENKYUSHA
〈検印省略〉